Yves Saint Laurent

$\dfrac{M}{M}$

Musée de la Mode
Espace Mode Méditerranée
10 Décembre 1993 - 27 Mars 1994

Yves Saint Laurent

· ·

Musées de Marseille - Réunion des Musées Nationaux

COMMISSARIAT DES EXPOSITIONS

Commissaire Général
Bernard Blistène,
directeur des Musées de Marseille

Commissaire
Catherine Ormen,
conservateur du musée de la Mode
de Marseille
assistée de :
Nancy Racine, assistante d'exposition
avec la collaboration de :
Judas Léon Dray et Annie Berne

Scénographie des expositions
Musée de la Mode : Jérôme Papeil
Centre de la Vieille Charité : Hector Pascual
assisté de Paul Marchand et Régis Perdrix

Administrateur des Musées
Ginette Bouchet

Secrétariat
Dominique Blanc

Assistante auprès du directeur
Macha Toufany

Secrétariat de la Direction
Annick Creisméas
Anne Di Nicolas

Régie des œuvres
Jasmine Grisanti
Dominique Olmeta
avec la collaboration de Suzanne Watel

Régie des espaces
Alain Franzini,
chef du service technique et de décoration

Constructions et montage
Robert Filippi, chef d'atelier
Sauveur Frutto, contremaître

Robert Allard
Jean-Pierre Bocognano
Christian Chotel
Erasme Galli

Arnaud Lafran
Edmond Médioni
René Menniti
Jean-Claude Rosa
Marcel Savino
Antoine Toscano
Paul Toscano
Roger Vander Eycken

Presse-Communication
Florence Ballongue
Michel Blancsubé
assistés de :
Michèle Bouchard, Aurélie Charles
avec la collaboration de Véronique Traquandi

Administration des Musées
Affaires juridiques : Marie-France Piton
Comptabilité : Martine Del Déo, Danièle
Gasparian, Paule Giudicelli, Mireille Paré
Cellule Personnel : Dominique Chabert,
Robert Touche, Jean-Paul Mondoloni,
Mireille Roquefort
et l'ensemble du personnel de surveillance
Sécurité des établissements : Jacqueline Maury
Régie comptable : Denise Behr,
Mireille Hellin
Secrétariat : Nicole Bracht, Danielle Marsetti,
Marie-Jeanne Pennini, Arlette Poncet

Editions et publications : Véronique Legrand,
conservateur, Hélène Blanc, chargée de la
diffusion, assistée de Jean-Christophe Regerat

Accueil des publics : Evelyne Tort
assistée de : Muriel Giuliani, Isabelle Rivoire,
Ingrid Sénépart

Conférenciers : Laurence Donnay, Virginie
Duchêne, Rémy Kertenian, Laure Scrive

Photographe : André Ravix

Catalogue de l'exposition
Conception : Catherine Ormen
Relecture des textes : Françoise Gasser

REMERCIEMENTS

Les expositions *Yves Saint Laurent - Exotismes, Yves Saint Laurent et le Théâtre, Yves Saint Laurent - Photographies* n'auraient pu avoir lieu sans le concours et le soutien actif de l'Institut Mode Méditerranée, de sa présidente déléguée Madame Maryline Vigouroux et de son équipe, ainsi que de Azzedine Alaïa, son président. Qu'ils en soient ici vivement remerciés.

Cette manifestation n'aurait pu se concevoir sans la complicité d'Yves Saint Laurent et de Pierre Bergé à qui nous adressons nos plus vifs remerciements.
Nous tenons également à remercier tout particulièrement Gabrielle Buchaert et Christophe Girard pour nous avoir ouvert les portes de la Maison de Couture, et Anne-Marie Munõz, Louise de la Falaise et Hector Pascual pour nous y avoir guidés et ainsi facilité notre entreprise.

Pour leur constante disponibilité et leur grande efficacité, nous remercions :
Maurice Cau, Laurent Chapus, Dominique Deroche, Isabelle Gérin, Kristine Hutchins, Jérôme Papeil, Myriam Rollin, et plus particulièrement Eléonore de Musset
ainsi que tous ceux qui nous ont apporté aide et conseil et ont participé à la réalisation des expositions et à celle du catalogue :
Ghislaine Albinelli, Muriel Bon de Vilaverde, Sandrine Boniack, Emmanuel Brelot, Guy de Charron, Gérard Charrier, Jean-François Chougnet, Philippe Chotard, Jean Clavier, Sabine Cotté, Jean-Pierre Cuzin, Bernadette Duranton, Michel Eral, Odette Galeski, Catherine Join-Dieterle, Véronique Legrand, Isabelle Lesieur, Anne de Margerie, Farida Mahzoud, Sylvie Messinger, Jean-Yves Miaux, Jacky Pelissier, Bruno Remaury, Nadine Repulles, Daniel Roché, Pierre Tranier, Barbara Vie, Jean-Michel Wilmotte.

Enfin, que les mécènes et tous ceux qui par leur action ont favorisé la naissance de l'Espace Mode et celle du musée de la Mode de Marseille trouvent ici l'expression de nos plus sincères remerciements :
Société Campenon Bernard, Société des Eaux de Marseille, Société Générale de Chauffe, Société OTV, Société SPMP Riviéra, Société Degrémont, Société Brandt, Société Norge Systems, A. Badets et Fils / SAGI-Easyeurope, SOGEA, TECMA Electronique, Marseille.

*C*ité grecque, isolée du reste des terres par l'aridité des collines qui l'enserrent, Marseille est fondamentalement tournée vers la mer. Terre d'accueil, Porte de l'Orient, ville d'échanges, Marseille est un creuset fertile, propice au mélange des cultures et à l'enrichissement mutuel de traditions diverses. L'exotisme est une richesse. La mode, un devenir.

L'inauguration de l'Espace Mode Méditerranée, conçu comme un vaste vaisseau entièrement voué à la mode, est la concrétisation d'une patiente recherche et le fruit d'une intense collaboration entre tous les acteurs du monde de la mode. Il s'agissait de reconnaître la valeur d'un secteur industriel et créatif fort important pour la vie de notre région. Il fallait aussi favoriser l'épanouissement de talents nouveaux, et permettre à la mode d'être reconnue aussi bien comme une force productive que comme un objet d'étude et de délectation. C'est ainsi, grâce à la ténacité de Maryline Vigouroux et du Président de l'Institut Mode Méditerranée, Azzedine Alaïa, que ce projet fédérateur s'est peu à peu constitué pour naître aujourd'hui dans un splendide bâtiment réhabilité par Jean-Michel Wilmotte.

Avec la présentation d'une symphonie imaginaire qui se joue sur différents registres de l'espace et du temps, d'un feu d'artifice de couleurs et de matières, le Musée de la Mode de Marseille signe son acte de naissance sous les auspices du plus prestigieux des parrains : Yves Saint Laurent. Son œuvre s'accorde à l'essence et au caractère de Marseille. On y retrouve ce métissage spectaculaire entre la tradition de l'élégance occidentale et les emprunts les plus étranges aux coutumes vestimentaires les plus lointaines. Aussi Yves Saint Laurent méritait-il que fût inventé un pluriel à un mot qui ne se décline généralement qu'au singulier. Exote, Exotisme, Exotismes...

Robert P. Vigouroux
Maire de Marseille
Sénateur des Bouches-du-Rhône

Yves Saint Laurent, l'Etranger

Regardez : les choses sont rares,

belles et finalement, tout bien regardé, dans l'intérêt de toutes,

même dans son intérêt à elle : l'isolée, la clandestine, à elle : la disetteuse

et ces choses quelquefois révèlent et relèvent du meilleur sentiment

éprouvé et formulé.

Admirez cette belle étrangère,

admirez-la d'où qu'elle vienne

par exemple des rives de nos méditerranées

admirez-la comme une déesse du continent ou des îles de la Grèce,

ou de nos propres rives dans des étoffes aux couleurs et aux lueurs de la mer,

de nos mers : d'Italie ou d'Espagne, de nos suds.

Image, parure ou réalité ?

Admirez cette belle étrangère qui vient de plus loin encore, dans des robes longues

aux couleurs et aux lueurs d'un crépuscule qui piège les oiseaux dans l'étoffe comme

tel ciel borde les étoiles et les soleils.

Elle est là dans la brise qui s'apaise sous la voie lactée,

elle est là et avec elle et sur elle,

les tons chauds de l'Afrique et les tonalités et les parfums des épices.

Image, parure ou réalité ?

Admirez-la cette belle étrangère qui vient de plus loin encore, plus de nos Proche-

Orients mais de nos Orients lointains, d'Inde et de Chine et qui retournera vers

nous par les Russies lointaines.

Image, parure ou réalité ?

Ainsi, de pas très loin ou de très loin, l'étrangère nous ramène à l'étranger : à nous-

même. C'est-à-dire qu'Yves Saint Laurent ramène avec elle toutes les différences

des pays autres, tout l'imaginaire des autres mondes, des autres civilisations et le

rêve d'autres cultures...

Image, parure ou réalité ?

Yves Saint Laurent est sans doute le plus pluriel de nos couturiers, le plus voyageur,

le plus explorateur, le plus aventurier...

Regardez : les choses sont rares et belles et finalement dans l'intérêt de toutes, même

dans son intérêt à elle : l'isolée, la clandestine, à elle : la disetteuse et comment ces

choses quelquefois révèlent et relèvent du meilleur sentiment éprouvé et formulé.

A travers l'étrange et l'étranger, il a su affirmer à chacune de ses collections que ce

qui est en provenance de l'autre, ce qui vient vers nous, de l'ailleurs, de tous ces

ailleurs de la planète Terre, c'est ça, exactement ça : l'exotisme.

Christian Poitevin
Adjoint au Maire
Délégué à la Culture

*f*avoriser le dialogue entre passé et création future en aidant à la découverte du temps présent, ouvrir les champs d'investigation à tous les domaines de la création, comptent parmi les missions essentielles des musées. Nous nous réjouissons donc de la naissance, à Marseille, d'une nouvelle institution entièrement vouée à la mode.

Avec l'exposition *Yves Saint Laurent - Exotismes*, la Réunion des Musées Nationaux reste fidèle à sa vocation d'accompagner les musées les plus dynamiques. Elle montre aussi son intérêt pour les productions contemporaines et la diversité de leurs manifestations qui peuvent ainsi s'offrir à un public toujours plus nombreux.

Jacques Sallois
Directeur des Musées de France
Président de la Réunion des Musées Nationaux

Voici le Musée de la Mode de Marseille désormais dans ses murs, en pleine complicité et osmose avec l'Espace Mode Méditerranée que Maryline Vigouroux, avec passion et acharnement, a réussi à faire vivre.

Voici, pour célébrer son ouverture, une exposition autour d'Yves Saint Laurent. Quoi là de plus normal pour celui qui, depuis longtemps déjà, a su plus qu'aucun autre nous faire *entendre* et *voir* que la mode était un art, et qu'à ce titre, il était du devoir des gens de musée que nous sommes de la considérer comme tel.

Voici pourtant une exposition dont le sous-titre mérite qu'on s'y arrête. Il y a là en effet la volonté de reconnaître en Yves Saint Laurent cet « exote » que Segalen a voulu célébrer, celui qui d'œuvre en œuvre, de collections en collections, loin de la pacotille ou du folklore, a voulu faire comprendre qu'en art il valait mieux préférer le voyage à la destination.

On trouvera présentée dans l'exposition et dans l'ouvrage qui l'accompagne une vision différente de celle à laquelle nous nous sommes accoutumés. On trouvera Saint Laurent, « rêveur définitif », à même de métamorphoser une cacophonie de couleurs en une nouvelle façon de voir, à même de s'approprier les formes les plus disparates pour en faire un nouveau classicisme, à même d'être, dans l'étrangeté de la beauté composite et hybride de chacune des œuvres conçues, l'un de ceux qui, parce que disciple de l'étonnement et d'une inlassable expérience, est l'image hautement exigeante de ce que certains peintres qu'il aime ont voulu appeler la « beauté moderne ».

Je souhaiterais qu'Yves Saint Laurent, Pierre Bergé, et tous ceux qui les entourent, trouvent ici l'expression de notre vive reconnaissance. Avec eux tous, leurs savoir-faire et leur passion, Catherine Ormen, conservateur du Musée de la Mode de Marseille, a pu mener à bien ce projet et faire entendre, dans l'inquiétude de notre monde, que leurs desseins étaient de ceux qu'il fallait *préserver*. Puisse le musée que Marseille a souhaité concevoir être là pour cela.

Bernard Blistène
Directeur des Musées de Marseille

l' Institut Mode Méditerranée est heureux de s'associer à l'hommage rendu aujourd'hui à l'un des plus grands couturiers contemporains, Yves Saint Laurent. Cette exposition, qui inaugure l'Espace Mode Méditerranée, répond parfaitement à la vocation que nous avons voulu donner à cette nouvelle entité unique en France, ouverte à tous, et exclusivement vouée à la mode.

Le bâtiment, entièrement rénové par Jean-Michel Wilmotte, abrite et réunit en son sein tous les partenaires institutionnels et privés œuvrant pour un seul objectif : valoriser la mode sous toutes ses formes. S'y retrouvent ainsi la Chambre Syndicale de l'Habillement, le Centre d'Études Techniques des Industries de l'Habillement, la Société Mode Méditerranée Développement, une librairie boutique à caractère spécialisé gérée par la Réunion des Musées Nationaux, une salle polyvalente destinée à accueillir diverses manifestations, et bien sûr l'Institut Mode Méditerranée et le musée de la Mode de Marseille.

Depuis 1988, le rôle de l'Institut Mode Méditerranée a été de sensibiliser les pouvoirs publics à l'importance du secteur Textile-Habillement dans notre région, de créer des structures d'information et de conseil, de fédérer les partenaires professionnels et institutionnels, et de promouvoir ce potentiel économique et culturel dans l'Europe méridionale. L'Institut, conseillé par son président, Azzedine Alaïa, a depuis le début favorisé la constitution du patrimoine destiné au musée de la Mode de Marseille. Il a sollicité régulièrement les couturiers et créateurs, les donateurs, pour l'enrichissement de ses collections. Enfin, l'Institut s'est associé à différentes expositions, et participe à l'essor du musée.

Toutes ces actions sont récompensées aujourd'hui par l'inauguration et la présentation de l'exposition *Yves Saint Laurent - Exotismes*.

L'œuvre de ce créateur hors du commun, célébré de par le monde, symbolise l'élégance alliée à la plus haute créativité. Le thème retenu pour l'exposition ne pouvait être mieux choisi. Il s'harmonise parfaitement avec ce qu'est l'essence même de la mode en Méditerranée : un métissage permanent entre différentes cultures et leurs traditions vestimentaires, et plus particulièrement cet amour pour les couleurs si vives qui sont l'âme même de notre climat.

Nous remercions très sincèrement Yves Saint Laurent qui nous a permis d'offrir à un large public le témoignage de son immense talent ; nous exprimons toute notre gratitude à Pierre Bergé ainsi qu'à Christophe Girard, Gabrielle Buchaert, Hector Pascual, Jérôme Papeil, pour leur amical soutien et leur précieuse participation.

Maryline Vigouroux
Présidente Déléguée
Institut Mode Méditerranée

pour Y. S. L.
Amicalement A. M. C.
62

Du côté de l'Orient

Au long des siècles, Marseille fut la porte de l'Orient. C'est là qu'arrivèrent les épices de toutes sortes et les étoffes chamarrées. C'est à Marseille qu'un roi de France vint accueillir la nièce d'un pape pour la donner en épouse à son fils. C'est par Marseille et par le Rhône que le goût de l'Afrique, des Indes et, arrivant de plus loin, celui de l'Asie, vint aux peintres, aux écrivains.

On ne peut retracer cette histoire ni cet itinéraire. Mais parlons de la Méditerranée et de ce qui l'entoure. Carthage et les Jardins d'Hamilcar de Flaubert, Alger et les femmes lascives de Delacroix, Tanger et les jardins vénéneux de Matisse. C'est le baron Gros qui suit Napoléon en Egypte, et c'est la nappe achetée à Blida par le même Matisse qu'on retrouve dans ses natures mortes.

Yves Saint Laurent est né à Oran ; il fut donc, dès l'enfance, habitué à la lumière et aux couleurs de l'Afrique du Nord, mais c'est plus tard, lorsqu'il découvrit le Maroc, qu'il comprit que son propre chromatisme était celui des zelliges et des zouacs, des djellabas et des burnous. Les audaces qui sont depuis les siennes, il les doit à ce pays, à la violence des accords, à l'insolence des mélanges, à l'ardeur des inventions. Cette culture est devenue la sienne, mais il ne s'est pas contenté de l'importer, il l'a annexée, transformée, adaptée. Avec son génie, Yves Saint Laurent a fouillé dans le bric-à-brac orientaliste et avec une habileté de magicien en a fait surgir son propre monde. C'est celui-là qui nous est donné à voir aujourd'hui. A Marseille précisément là où l'Orient et l'Occident se sont depuis toujours confrontés.

Pierre Bergé

BIOGRAPHIE

1936

Le 1ᵉʳ août, naissance d'Yves Mathieu Saint Laurent à Oran, en Algérie, où il passera toute sa jeunesse.

1950

Il assiste à une représentation de *L'Ecole des Femmes* de Molière avec Louis Jouvet, dans des décors de Christian Bérard. Première passion pour le théâtre.

1954

Après son baccalauréat, Yves Saint Laurent s'installe à Paris où il fréquente l'Ecole de la Chambre syndicale de la Haute Couture pendant trois mois et gagne le concours du Secrétariat international de la Laine (pour une robe de cocktail noire, à décolleté asymétrique, qui sera d'ailleurs réalisée par les ateliers de Hubert de Givenchy). C'est à cette époque qu'a lieu un échange de lettres entre Yves Saint Laurent et Michel de Brunhoff, directeur de *Vogue France*, très frappé par la similitude des dessins d'Yves Saint Laurent avec ceux de la collection Automne-Hiver de Christian Dior. Il le présente alors à Christian Dior, qui l'engage tout de suite comme assistant.

1957

Le 15 novembre, après la mort de Christian Dior, Yves Saint Laurent est désigné pour le remplacer.

1958

Le 30 janvier, Yves Saint Laurent présente sa première collection chez Christian Dior : la ligne « Trapèze ».
Il rencontre Pierre Bergé, lors d'un dîner organisé pour Marie-Louise Bousquet.
Cette même année, il obtient l'Oscar Neiman Marcus.

1959

Pour la première fois, Yves Saint Laurent dessine des costumes pour le théâtre (*Cyrano de Bergerac*, ballet de Roland Petit).

1960

Sa collection Automne-Hiver, inspirée de la rue, est très controversée par le public et la presse : tricots à col roulé et vestes en cuir noir dans le style des « rockers ».
En août, il est appelé sous les drapeaux tandis que chez Christian Dior, il est remplacé par Marc Bohan.

1961

Son contrat avec la maison Dior ayant été rompu, Yves Saint Laurent et Pierre Bergé décident de fonder ensemble la maison de couture Yves Saint Laurent. En septembre, Yves Saint Laurent s'installe dans un deux pièces – rue La Boétie à Paris – avec l'appui financier de l'Américain J. Mack Robinson.

La première robe de haute couture portant la griffe Yves Saint Laurent sera commandée par Madame Arturo Lopez-Willshaw.

Yves Saint Laurent dessine les décors et les costumes du spectacle de Zizi Jeanmaire à l'Alhambra, et ceux du ballet *Les Forains* (chorégraphie Roland Petit).

Le graphiste Cassandre crée le logotype YSL.

1962

Le 29 janvier, dans l'ancien hôtel particulier du peintre Forain, 30 bis, rue Spontini, Paris 16ᵉ, Yves Saint Laurent présente sa première collection.

Le magazine *Life* parle du « meilleur ensemble de tailleurs depuis Chanel » (dans un reportage illustré de photos de Pierre Boulat, 1962).

Pour sa collection d'hiver, Yves Saint Laurent dessine la fameuse blouse « normande » en satin gris perle.

Cette même année, Yves Saint Laurent dessine les décors et les costumes pour *Les Chants de Maldoror* et *Rhapsodie Espagnole*, ballet de Roland Petit.

Il habille Claudia Cardinale dans le film *La Panthère rose,* de Blake Edwards.

1963

La collection Printemps-Eté est dominée par la simplicité : petites robes de lainage marine, col d'organdi blanc.

Lors de la collection Automne-Hiver, collection « Robin des Bois », Yves Saint Laurent présente des cagoules en cuir et des cuissardes, une première dans la haute couture.

Yves Saint Laurent dessine les décors et les costumes du spectacle de Zizi Jeanmaire au Théâtre National Populaire.

1964

Lors de la collection Automne-Hiver, Yves Saint Laurent propose les robes paysannes.

Il dessine les costumes pour *le Mariage de Figaro* et *Il faut passer par les nuages*, par la Compagnie Renaud-Barrault.

Yves Saint Laurent lance son premier parfum pour femmes : « Y ».

1965

Collection « Mondrian » : lignes rigoureuses, robes droites de jersey, imperméables de vinyl.

Pour le théâtre, Yves Saint Laurent dessine les costumes de *Adages*, *Variation* et *Notre Dame de Paris,* de Roland Petit, ainsi que pour *Des journées entières dans les arbres,* de Marguerite Duras, avec Madeleine Renaud.

Il habille Sophia Loren dans le film *Arabesque*, de Stanley Donen.

Le groupe américain Charles of the Ritz acquiert la totalité du capital de la société Yves Saint Laurent.

1966

La collection Printemps-Eté propose « les Marins », un thème de prédilection d'Yves Saint Laurent : tailleur-pantalon, caban et robe tee-shirt rayée.

Premier smoking.

Lors de cette collection, il lance également les robes « Pop Art », s'inspirant des tendances artistiques de l'époque.

Yves Saint Laurent dessine les costumes d'Arletty pour *les Monstres sacrés,* de Jean Cocteau.

Le 26 septembre, Yves Saint Laurent ouvre sa première boutique de prêt-à-porter appelée « Saint Laurent Rive Gauche », 21, rue de Tournon, Paris 6ᵉ.

Cette même année, Yves Saint Laurent obtient l'Oscar *Harper's Bazaar.*

1967

Lors de la collection Printemps-Eté, Yves Saint Laurent lance les robes « Africaines » : la robe Bambara et la robe des Tropiques.

1967 est également l'année du tailleur et de la tunique en jersey, de la blouse à cravate et de la cape longue.

Au théâtre, il dessine les costumes pour *Délicate Balance*, d'Edward Albee, par la Compagnie Renaud-Barrault, puis également les vêtements portés par Catherine Deneuve dans le film de Luis Bunuel *Belle de Jour.*

Yves Saint Laurent publie aux éditions Tchou une bande dessinée, *La Vilaine Lulu*.

1968

La collection Printemps-Eté propose la première « Saharienne », les « Transparences », ainsi que le « jumpsuit » qui sera repris avec succès en 1975.

Yves Saint Laurent dessine les vêtements pour le spectacle de Zizi Jeanmaire à l'Olympia, et pour Catherine Deneuve dans le film *La Chamade*, d'Alain Cavalier.

Deux galeries, à New York et à Londres, exposent ses dessins de théâtre.

1969

La collection Printemps-Eté présente les mini-robes du soir et le premier costume d'homme. Le style « Il » est né.

La collection Automne-Hiver est dominée par le manteau tapisserie, les fourrures incrustées et les robes bijoux créées avec le sculpteur Claude Lalanne.

Yves Saint Laurent habille Catherine Deneuve pour *La Sirène du Mississippi,* de François Truffaut.

Ouverture de la première boutique « Saint Laurent Rive Gauche pour Hommes », 17, rue de Tournon, Paris 6ᵉ.

1970

Premières « Chinoises » (pantalons et tuniques de satin brodé) pour l'hiver.

Yves Saint Laurent dessine les costumes de la revue de Zizi Jeanmaire au Casino de Paris et pour Sylvie Vartan à l'Olympia.

1971

La collection Eté 1971, dite collection « Quarante », fait scandale. Yves Saint Laurent expliquera plus tard que cette collection était une réaction aux nouvelles tendances de la mode, une protestation humoristique, épaules carrées, manches bouffantes et semelles compensées ainsi que la célèbre veste courte de renard vert.

Collection « Bal Proust » (Hiver 1971-1972).

Yves Saint Laurent conçoit les costumes pour le spectacle de Johnny Hallyday au Palais des Sports.

Lancement du premier parfum pour homme : « YSL Pour Homme ». Yves Saint Laurent fait lui-même la promotion de ce parfum en posant nu devant Jeanloup Sieff. Cette photo fait scandale.

Yves Saint Laurent lance également le parfum « Rive Gauche ».

1972

Yves Saint Laurent présente des cardigans brodés.

Yves Saint Laurent dessine à nouveau les costumes pour la revue de Zizi Jeanmaire au Casino de Paris, et pour le spectacle de Sylvie Vartan à l'Olympia.

Andy Warhol peint le portrait d'Yves Saint Laurent.

Yves Saint Laurent et Pierre Bergé achètent la Maison de Couture.

1973

Année consacrée au théâtre : Yves Saint Laurent dessine les costumes pour Maïa Plissetskaïa, dans le ballet *La Rose malade* de Roland Petit, pour *Harold et Maud,* de Colin Higgins, pour Jeanne Moreau, Delphine Seyrig et Gérard Depardieu dans *La Chevauchée sur le lac de Constance,* de Peter Handke, et enfin pour le ballet *Schéhérazade,* de Roland Petit.

1974

Dans la collection Eté, Yves Saint Laurent présente la chemise naïve.

Yves Saint Laurent habille Anny Duperey dans le film *L'Affaire Stavisky*, d'Alain Resnais.

La même année, la galerie Proscenium, à Paris, expose ses maquettes de costumes et de décors de théâtre.

En juillet, afin de s'agrandir, la maison de couture est transférée au 5, avenue Marceau, Paris 16ᵉ, dans un hôtel particulier Second Empire.

1975

La collection Printemps-Eté propose le « Look Sirène ».

Lancement du parfum « Eau Libre ».

Yves Saint Laurent habille Helmut Berger dans *Une Anglaise romantique*, film de Joseph Losey.

1976

Pour l'hiver, Yves Saint Laurent conçoit la collection « Ballets russes/Opéra ». Elle remporte un succès international exceptionnel et fait la une du *New York Times*, qui déclare : « Une collection révolutionnaire, qui changera le cours de la mode dans le monde. »

Yves Saint Laurent dessine les costumes d'Ellen Burstyn pour le film d'Alain Resnais *Providence*.

1977

Collection « Espagnole » (Printemps-Eté).

En automne, lancement d'un nouveau parfum, « Opium ».

Collection « Chinoise » (Automne-Hiver).

Yves Saint Laurent dessine à nouveau les costumes de la revue de Zizi Jeanmaire au théâtre Bobino.

1978

Au printemps, Yves Saint Laurent propose les « Broadway suits », des costumes d'homme aux pantalons larges et courts, portés avec un canotier.

Yves Saint Laurent dessine les décors et costumes pour *L'Aigle à deux têtes,* de Cocteau, au théâtre de l'Athénée-Louis-Jouvet, ainsi que les vêtements pour le spectacle d'Ingrid Caven au Pigall's.

La galerie Proscenium organise une deuxième exposition de ses dessins pour le théâtre.

Il écrit la préface du livre de Nancy Hall-Duncan, *Histoire de la Photographie de mode.*

1979

La collection Printemps-Eté présente les « Classiques Saint Laurent » : le blazer, le smoking, la veste caban, la tunique, la robe-chemisier et le costume masculin.

Pour sa collection d'hiver, Yves Saint Laurent rend hommage à Picasso et à Diaghilev.

1980

Collection « Shakespeare ».

Hommage à Apollinaire, Aragon, Cocteau (Hiver).

Yves Saint Laurent dessine les décors et costumes pour Edwige Feuillère et Jean Marais dans la pièce de Jérôme Kilty *Cher Menteur*, d'après Jean Cocteau.

1981

Lors de la collection Automne-Hiver, Yves Saint Laurent rend hommage à Matisse.

Il reprend les grands classiques, entre autres le smoking.

Yves Saint Laurent crée l'habit de Marguerite Yourcenar pour son entrée à l'Académie Française.

Yves Saint Laurent lance le parfum pour hommes « Kouros ».

1982

Le 29 janvier, Yves Saint Laurent fête au Lido de Paris les vingt ans de sa maison de couture, où il reçoit « The International Award of the Council of Fashion Designers of America ».

Hommage à l'Inde (été 1982).

Le 22 décembre est créée la ligne « Variation ».

Entrée d'Yves Saint Laurent dans le dictionnaire Larousse.

1983

Collection « Paris » : le Rose et le Noir.

Lancement du parfum « Paris ».

Yves Saint Laurent dessine les costumes pour *Savannah Bay,* de Marguerite Duras.

Le Metropolitan Museum of Art de New York organise sous la direction de Diana Vreeland une importante rétrospective : « Yves Saint Laurent – 25 years of Design ». C'est la première fois qu'une manifestation de cette importance est consacrée à un créateur vivant. Un million de visiteurs.

1984

Trench-coat du soir.

1985

Le « Look africain » (Printemps-Eté).

Une deuxième rétrospective a lieu à Pékin, au Palais des Beaux-Arts : « Yves Saint Laurent, 1958-1985 ». 600 000 visiteurs.

Le 12 mars, le Président de la République, M. François Mitterrand, remet à Yves Saint Laurent, au Palais de l'Elysée, les insignes de Chevalier de la Légion d'Honneur.

Le 23 octobre, Yves Saint Laurent reçoit l'Oscar de la Mode, à Paris, au Palais Garnier.

1986

Yves Saint Laurent présente sa cinquantième collection haute couture.

A Paris, une importante rétrospective de son travail est présentée au musée des Arts de la Mode, « Yves Saint Laurent, 28 années de création ». Parallèlement, le musée des Arts décoratifs expose les dessins de théâtre d'Yves Saint Laurent. 10 000 visiteurs.

En novembre, Yves Saint Laurent et Pierre Bergé sont nommés conseillers supérieurs auprès du gouvernement de la république populaire de Chine.

Yves Saint Laurent et Pierre Bergé, avec l'aide de Carlo De Benedetti, rachètent la société Charles of the Ritz, propriétaire des Parfums Yves Saint Laurent.

Exposition « Yves Saint Laurent, 28 années de création » à la Maison des peintres de l'Union Soviétique de Moscou, U.R.S.S. (décembre-janvier 1987). 240 000 visiteurs.

1987

Hommage à David Hockney.

Exposition « Yves Saint Laurent, 28 années de création » au musée de l'Ermitage de Leningrad, U.R.S.S. (février-mars).

Rétrospective Yves Saint Laurent à la Art Gallery of New South Wales de Sydney, Australie (mai-juillet).

1988

Collection « Cubiste » (Printemps-Eté).

Les vestes aux Raisins de Bonnard.

1989

Introduction au second marché de la Bourse de Paris des actions d'Yves Saint Laurent Groupe.

Devant le succès remporté par le titre auprès des investisseurs, 3,72 % des demandes sont servies au prix d'offre publique de 853 francs.

1990

Ouverture de la première boutique d'accessoires, 32, rue du Faubourg-Saint-Honoré, Paris 8e (mars).

Exposition Yves Saint Laurent au Sezon Museum of Art de Tokyo (novembre-décembre).

1991

Yves Saint Laurent présente sa cent vingtième collection (cent quarante six modèles), révélant une nouvelle fois la maîtrise et l'audace, notamment dans ses robes du soir en chantilly et guipure, dévoilant subtilement le corps (juillet).

1992

29 janvier : Yves Saint Laurent présente la collection des trente ans de la maison.

3 février : la maison fête ses trente ans devant 2800 invités réunis à l'Opéra Bastille, loué pour la circonstance.

Yves Saint Laurent réalise 3 milliards de francs de chiffre d'affaires dans le monde, dont plus des trois quarts hors de France. Le poids économique de la marque est estimé à quinze milliards de francs, dont les deux tiers sont réalisés grâce aux contrats de licences.

Décembre : ouverture de l'Institut de beauté Yves Saint Laurent, 32, rue du Faubourg-Saint-Honoré, Paris 8ᵉ.

1993

19 janvier : le conseil de surveillance d'Yves Saint Laurent Groupe et le conseil d'administration d'Elf-Sanofi approuvent un projet de fusion d'Elf-Sanofi et d'Yves Saint Laurent Groupe.

17 mai : le projet est approuvé par les actionnaires des deux sociétés, au cours de leurs assemblées générales. Avec l'acquisition d'Yves Saint Laurent, Sanofi devient le troisième groupe mondial de parfums et de cosmétiques de prestige derrière L'Oréal et Estée Lauder.

Juin : lancement du nouveau parfum féminin, « Champagne », à la presse internationale.

Juillet : Yves Saint Laurent présente sa cent vingt-quatrième collection de haute couture.

10 décembre-27 mars 1994 : le musée de la Mode de Marseille célèbre son ouverture par l'exposition *Yves Saint Laurent – Exotismes*. En simultané, le Centre de la Vieille Charité présente : *Yves Saint Laurent et le Théâtre* et *Yves Saint Laurent – Photographies*.

A *propos des expositions* Yves Saint Laurent

« La vie c'est mon métier, qui continue la jeunesse, et où je projette dans l'avenir mes rêves, mes souvenirs, mes pensées... Je suis le même processus qu'un peintre, qu'un sculpteur, qu'un architecte, qu'un musicien. Pour un couturier, ce processus c'est inventer une mode... »
Extrait du « Portrait de l'artiste », Yvonne Baby, *Le Monde des Arts et des Spectacles*, déc. 1983.

Un télégramme était arrivé de l'Elysée, le Président de la République, François Mitterrand, saluait le premier artiste français à être célébré, de son vivant, par une exposition dans un grand musée américain. Le 14 décembre 1983 n'était pas vraiment un jour ordinaire au Metropolitan Museum of Art à New York, une immense bannière de toile bleu gitane était érigée sur la façade beaux-arts du bâtiment, annonçant la rétrospective[1] de vingt-cinq années de création d'un Français ; c'était un couturier : Yves Saint Laurent. La signature de l'artiste rythmait de noir cette grande voile qui claquait au vent sur la Cinquième Avenue en cette période de Noël.

Tout avait commencé, il y avait plus d'un an, quand Diana Vreeland, au sein de son bureau en sous-sol, caverne stratégique des expositions de l'Institut du Costume du MET, avait proclamé un de ses diktats : « Il faut faire contemporain... hum. », suivi d'un long silence. Et soudain, sa main si expressive impérieusement dressée, son célèbre doigt rehaussé de rouge rythmant l'air : « On ne peut donc faire que Saint Laurent ! »

Cette femme, éduquée dans la mode par Alexey Brodovitch et Carmel Snow à l'*Harper's Bazaar*[2] d'avant-guerre, rédactrice en chef du *Vogue* américain des années 60-70, révélatrice de tant de talents – créateurs de mode, photographes aussi bien que mannequins – avait un flair, reconnu et accepté par tous, en matière de style. « L'impératrice de la mode », ainsi que les médias l'avaient sacrée, régnait sur l'Institut du Costume et venait d'achever, avec celui-ci, une série d'expositions de modes historiques sur la Russie impériale, les Habsbourg, la Chine mandchoue et la Belle Epoque. Présentées de manière théâtrale, l'énorme succès de ses expositions a permis l'essor populaire des expositions de mode, et contribua au développement des collections de costumes dans les musées, de par le monde.

Cette première exposition sur le travail d'Yves Saint Laurent fut donc, à la seule initiative de Diana Vreeland, organisée il y a déjà dix ans, dans un musée en Amérique. Madame Vreeland expliqua l'objectivité de son choix. Elle considérait Yves Saint Laurent comme le plus complet des créateurs contemporains et celui qui avait, depuis de nombreuses années, le plus d'influence sur les goûts vestimentaires et le style des femmes de son époque. « Parce que c'est un génie, parce qu'il connaît tout des femmes, il vit dans un monde tout à la fois creuset de la création et du savoir-faire des artisanats d'art, dans la vie sensuelle de la France qui est toujours la capitale du monde de la mode » – « Je me rappelle avoir vu à Singapour une jeune femme, aux cheveux noir oriental, perchée à l'arrière d'une moto et portant une chemise blanche d'Yves Saint Laurent. Il est le maître des rues du monde, toutes révèlent son style ».[3] « Parce qu'il est suivi au-delà des océans

Page ci-contre :
Yves Saint Laurent au Metropolitan Museum of Art, New York, 1983

[1]
Yves Saint Laurent, 25 Years of Design, Dec. 14, 1983-Sept. 2, 1984, MET, New York City.

[2]
Harper's Bazar, revue créée en 1867 (dont l'orthographe du titre fut modifiée à partir de 1929), devint en 1934, grâce au génie innovateur de la rédactrice en chef, Carmel Snow, et du directeur artistique, Alexey Brodovitch, une revue de mode dont la modernité de la présentation sert encore aujourd'hui de modèle.

[3]
Notes de Diana Vreeland recueillies en octobre 1983 par Katell le Bourhis, pour servir à l'introduction du catalogue publié par le MET pour la rétrospective.

Inauguration officielle de l'exposition
Yves Saint Laurent à Beijing, Chine, 1985

Exposition Yves Saint Laurent à Beijing, 1985

Yves Saint Laurent et M⁰ᵉ Gorbatchev lors de
l'inauguration de l'exposition Yves Saint Laurent
de Moscou, 1986

4

Jean-François Josselin, Les Années Saint Laurent,
Le Nouvel Observateur, 1983, p. 57.

5

Dénommé costume Mao en France.

6

Zhang Tuo, Yves Saint Laurent, Pekin 1985,
Beijing, p. 2.

7

Muséographe américain, 1951-1990.

par les femmes qui ont l'air jeune, qui vivent d'une manière jeune et qui sont jeunes, sans références à leurs âges. »

Dans la conception de l'exposition on rejeta alors une présentation chronologique, jugée sans intérêt vis-à-vis de l'originalité de l'œuvre du couturier. Yves Saint Laurent s'exprime au travers d'une gamme thématique, où les mêmes images de femmes et les mêmes styles sont sans cesse déclinés, raffinés, réinventés, réaffirmés. On chercha aussi à présenter au public les sources d'inspiration de l'artiste : homme essentiellement cultivé, humaniste dont la création est le résultat d'un dialogue aussi sensible qu'éclectique avec la peinture, la musique, la littérature et le cinéma. Ainsi, au son de Joséphine Baker, des Beatles, de la Callas ou de Mozart joués dans les galeries, le public ébahi pouvait admirer, désincarnés, la petite blouse normande dans ses versions gabardine ou somptueuses en satin, les smokings au féminin toutes époques, les déclinaisons de sahariennes, les costumes pantalons sous des évocations de marronniers bien parisiens, les petites ou grandes robes toutes noires où des touches de blanc soulignent quelquefois la perfection et l'audace des silhouettes, les fastes colorés des cultures russe, chinoise, africaine ou espagnole pour le soir, la force graphique des contrastes de couleurs primaires, en larges aplats, écho de la peinture moderne. Tout cela enfin présenté sur des mannequins dont la silhouette se glissait entre des tableaux, œuvres des peintres qui bouleversent le couturier. Ainsi, pour Yves Saint Laurent, le département des peintures du MET avait prêté, entre autres, sa *Gertrude Stein* de Picasso et ses Matisse ; le Centre Georges-Pompidou, son portrait de Cocteau par Romaine Brooks.

Arrivé juste avant l'ouverture, le couturier avait très simplement regardé l'exposition qui finissait de se monter, respectant le travail scientifique et artistique de la petite équipe soudée autour de Madame Vreeland. Alors qu'un journaliste lui demandait brutalement un peu plus tard : « Cette exposition au MET, ça vous donne le trac ? », il répondit : « C'est à la fois beaucoup d'angoisse et d'humilité. Mais l'humilité est à la base de la gloire, non ? »[4]

La grande aventure des expositions Yves Saint Laurent avait commencé là, à New York, où plusieurs centaines de milliers de personnes défilèrent devant son œuvre.

En mai 1985, ce fut la Chine. A l'invitation du ministre de la Culture chinois, une rétrospective de l'œuvre d'Yves Saint Laurent s'ouvrit au Palais des Beaux-Arts de Beijing. Situé à un souffle de la place Tiananmen, de la Cité interdite et du mausolée de Mao, un énorme panneau, peint cette fois, portait son nom en caractères chinois et annonçait l'exposition à une foule urbaine vêtue encore pour la plupart du costume unisexe *Sun Yat Tsen*[5]. Cette manifestation était organisée à l'initiative des autorités chinoises pour « aider la femme chinoise à repenser sa manière de s'habiller face à un monde moderne qui s'ouvrait à elle »[6]. Les vêtements exposés vinrent de l'Europe et des Etats-Unis dans le ventre d'avions cargos avec la plupart des matériaux nécessaires au montage. Stephen de Pietri[7] donna de la magie à la présentation en faisant oublier la statique, inhérente aux mannequins, par le choix d'attitudes individuelles ou de groupements aussi précis que dynamiques et quelquefois même lyriques. L'équipe Saint Laurent s'enrichit du talent des étudiants de l'université de Beijing, où une section mode venait de s'ouvrir. Le couturier et le ministre, en présence des officiels, coupèrent, avec des ciseaux jaunes, un grand flot de soie rouge ornementé de grosses rosettes drapées, ainsi préparées par nos hôtes. Des détails, ici ou là, permettaient toujours de saisir le raffinement de leur culture millénaire. Le livre d'or du vernissage à l'entrée de l'exposition pouvait se signer « à l'occidentale » ou se calligraphier. La page blanche, le pinceau et l'encre de Chine étaient curieusement en harmonie avec la création du couturier. Ce qu'il exprima à propos de ses premières collections, où il utilisa beaucoup de noir : « Les grandes lignes noires symbolisaient le trait du crayon sur la page blanche, c'est-à-dire la silhouette au zénith de sa pureté. »[8]

Ce furent des queues immenses à Pékin où l'on vit des soldats en uniforme kaki de l'Armée Rouge, faisant des croquis des modèles exposés. Cette diplomatie en « bas de soie » est en marche, comme le notait Janie Samet dans *le Figaro* du lundi 8 décembre 1986, alors qu'elle rendait compte de l'ouverture, cette fois à Moscou, de la rétrospective d'Yves Saint Laurent. Madame Gorbatchev, première dame d'U.R.S.S., lors d'une visite à Paris en 1985, avait invité Yves Saint Laurent à venir présenter vingt-huit ans de ses œuvres à l'Union des peintres d'U.R.S.S., sous le patronage du ministère de la Culture soviétique. Raïssa Gorbatchev inaugura elle-même cette manifestation. Mais c'est à Leningrad, en février 1986, qu'une rétrospective du couturier fut présentée de la manière la plus extraordinaire, magnifiquement mise en scène, une nouvelle fois, par Stephen de Pietri. Elle prit pour cadre la salle du trône de l'Ermitage où les robes étaient éclairées par les grands lustres de cristal mauve des Romanov.

De vingt-cinq ans de création exposée en premier à New York, des manifestations en Chine, en Russie, mais aussi en France, en Australie et au Japon, cela fait aujourd'hui trente-cinq ans que la force d'Yves Saint Laurent est sans cesse renouvelée. C'est notre vie, celle d'une génération. Celles des femmes qui se mettent en pantalon, ou en cuir, du bureau aux déjeuners élégants, qui se serrent la taille entre « une chaussette à col roulé » et une jupe droite dite bâton, celles dont les bas sont toujours noirs et la peau toujours très blanche, celles qui, inconsciemment, jettent toujours un châle sur une épaule – accessoire oublié depuis le milieu du XIXe siècle –, celles qui portent un trench comme on porte une fourrure. Ces femmes qui, dans le monde, ont compris, grâce à Yves Saint Laurent, que la mode est la personnalité d'abord, la vitalité, la modernité, et que « le plus beau maquillage est une passion ».[9]

Katell le Bourhis[10]
Directeur et conservateur en chef
du musée des Arts de la mode et du textile

La salle du trône, palais de l'Ermitage, Leningrad, 1986

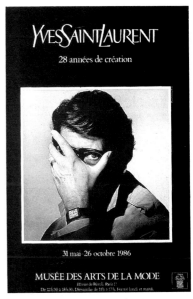

« Yves Saint Laurent, 28 années de création », au musée des Arts de la mode, 1986

8

Yvonne Baby, Portrait de l'artiste, *Le Monde des Arts et des Spectacles*, déc. 83, p. 29.

9

Propos d'Yves Saint Laurent recueillis par Janie Samet, *Le Figaro*, juillet 93.

10

Katell le Bourhis était en 1983 chercheur au MET, assistante personnelle de Diana Vreeland. Elle lui succéda en 1985. Depuis mai 1992, elle exerce les fonctions de directeur et conservateur en chef du musée des Arts de la mode et du textile à Paris, dans le palais du Louvre.

Yves Saint Laurent : Exotismes

« L'exotisme est tout ce qui est Autre.

Jouir de lui est apprendre à déguster le Divers »

Victor Segalen

« **Les** robes ne sont pas des objets de musée. Elles ne vivent que sur le corps des femmes qui les ont aimées et qui, dans ces robes, furent aimées », déclarait Françoise Giroud[1] quelque temps avant l'inauguration de la première exposition consacrée à un couturier vivant, Yves Saint Laurent, au Metropolitan Museum de New York.[2] Un vêtement privé de son support charnel est tel une enveloppe vide, une peau morte, un assemblage de matières auquel il manquerait le souffle d'une vie. Car vêtement et corps ne font qu'un et se conjuguent dans l'éphémère, dans le mouvement. Une présentation muséographique ne peut donc être satisfaisante, ni l'image de la réalité – même si Yves Saint Laurent affirme que les expositions sont féeriques, que les robes tombent bien sur ces mannequins plus grands et plus minces que nature. Le vêtement, dans un musée, se présente sans artifice, mais il devient l'interprète singulier d'un thème, le symbole d'une époque et d'une mode, la transcription unique d'une passion. Le musée, réducteur pour l'œuvre qu'il présente, et plus particulièrement pour la création vestimentaire qui y perd tout son impact sensuel, investit cette même création d'une charge symbolique qui, bien souvent, la dépasse. Plus grave encore ! le musée opère une sélection arbitraire au sein de collections foisonnantes. Une centaine de modèles retenus sur plus de 7000 créations de haute couture, 56 collections de prêt-à-porter (avec une moyenne de 110 modèles par collection), des collections pour homme et autant de réalisations pour le théâtre,[3] le music-hall, l'opéra et le cinéma... mais une centaine de modèles « clés » fédérés autour du thème de l'exotisme, ou plutôt des exotismes, dans une acception plurielle et volontairement tendancieuse. Loin d'être une rétrospective formelle, cette exposition est un essai, une expérimentation sur l'alchimie de la création. La finalité est la découverte d'un dénominateur commun, d'un fil conducteur, d'une aspiration, d'une inspiration qui jamais ne quitta Yves Saint Laurent.

« **Le** grand art, c'est de durer ».[4] Yves Saint Laurent a fait sienne la devise de Metternich. Il est devenu le maître du changement dans la sécurité, dans la continuité ; il est parvenu à introduire la diversité dans une unité de style. Saint Laurent tend à l'épure. Il ne cesse de dépouiller les vêtements, de leur enlever des détails superflus, de rechercher une ligne, à l'instar de celle de Matisse. Car ce qui compte, fondamentalement, c'est « l'oubli total de ce que l'on porte ». Telle est l'élégance[5] selon Saint Laurent. Quelle similitude avec la définition de Gabrielle Chanel pour qui le vêtement devait être conçu comme une seconde peau ! Saint Laurent dit d'elle : « Elle a compris la femme ! Elle a compris son époque et elle a créé la femme de son époque... ».[6] Comme elle, Saint Laurent a hérité de ce goût pour l'ornementation orientaliste à la fois fausse et somptueuse.[7]

Page ci-contre :
La première robe de Saint Laurent pour Dior, photographiée en 1955 pour *Harper's Bazaar*
Photographie Richard Avedon

1

Françoise Giroud, « Les vingt ans du Petit Prince », *Vogue France*, avril 1978.

2

Cette exposition fut ensuite présentée à Pékin, St-Pétersbourg, Moscou, Paris, Sydney et Tokyo.

3

Le théâtre, dans cet « hommage » à Yves Saint Laurent, est présenté au Centre de la Vieille Charité.

4

« Quand Yves Saint Laurent parle », *20 ans*, avril 1973.

5

Entretien avec Catherine Deneuve, *Globe*, mai-juin 1986.

6

L'alphabet d'Yves Saint Laurent, par Esther Henwood, Joyce, juillet-août 1988.

7

Voir p. 135 le texte de Claudette Joannis, qui détermine l'origine et la symbolique de ces bijoux.

Collection Haute Couture Printemps-Été 1969
Tailleur pantalon en gabardine beige
Musée de la Mode et du Costume
Palais Galliéra, Paris

8

« L'as de cœur », Laurence Benaïm, *Vogue*, novembre 1990.

9

« Yves Saint Laurent et le dessin de mode », texte de Pierre Bergé, extrait du catalogue de l'exposition *Yves Saint Laurent par Yves Saint Laurent*, Ed. Herscher-Musée des Arts de la mode, 1986, p. 33.

10

« Quand Yves Saint Laurent parle », *20 ans*, avril 1973.

11

Ibid.

Chanel avait ses croix byzantines, ses copies de bijoux baroques, ses breloques serties de pierreries multicolores. Givenchy a un Christ, Lacroix un cœur et une croix arlésienne. Saint Laurent, lui, voue aux cœurs de toutes sortes une passion immodérée. Le premier fut réalisé par Roger Scemama pour inaugurer les présentations de la rue Spontini, le 29 janvier 1962.[8] Il est devenu le plus grand des fétiches et défile depuis, chaque année, parmi d'autres cœurs tous séduisants, toujours plus extravagants. Comme du temps de Chanel, la somptuosité, la fantaisie de la parure vient agrémenter la sobriété et l'apparente simplicité des vêtements. Ainsi, Yves Saint Laurent et Gabrielle Chanel ont-ils en commun de nombreux principes sur la définition de leur production. En revanche, leurs méthodes de travail diffèrent. L'une travaillait au coup par coup, uniquement d'après les tissus qu'elle sélectionnait ; Saint Laurent, lui, construit ses collections autour de thèmes, dessine énormément, puis passe à la réalisation des modèles sur le mannequin vivant, cherchant, comme le dit Pierre Bergé, des « effets »[9] au moyen « de tissus proposés, essayés, rejetés, choisis ». Croquis et ébauches de vêtements sont ensuite confiés à ses ateliers. Saint Laurent livre le fruit de son imagination, donne le ton, l'impulsion créatrice, quatre fois par an : deux fois pour les collections de haute couture et deux fois pour les collections de prêt-à-porter. Constituées avec un soin égal, ces collections ne se différencient que par le souci du respect des méthodes de production qui leur sont propres. En somme, il s'agit d'une « cuisine intérieure qui n'intéresse que les couturiers eux-mêmes ».[10] Du prêt-à-porter à la haute couture, il y a toujours une cohérence, des correspondances ; en somme, s'y retrouve perpétuellement cette fameuse unité de style malgré la diversité des apparences.

L'art, comme l'écrit Victor Segalen, ne peut s'épanouir dans le marais de l'homogène. Le dégoût de l'uniformité constitue l'un des moteurs fondamentaux de la création de mode. En cette fin de XXᵉ siècle, Yves Saint Laurent a donc défini un style qui – comme tout style – se reconnaît immanquablement. Pourtant, chaque collection crée une surprise, avec un thème distinct de la précédente et une tonalité souvent « exotique » – au sens le plus large du terme. Il est l'un des seuls à jouer en permanence sur des registres qui font appel à sa vaste culture : musique, arts plastiques, littérature, impressions de voyages, etc. Ainsi sa somptueuse collection de l'hiver 1976, inspirée des Ballets Russes, surprit-elle le milieu de la mode. Elle se dissociait de « l'homogène » proposé alors par les couturiers. Cette collection, comme celle consacrée à l'Afrique en 1967, fut suivie par toute une série aussi fastueuse qu'imaginative : Espagne (printemps-été 1977), Chine (automne-hiver 1977-1978), Picasso-Diaghilev (automne-hiver 1979-1980), Shakespeare (automne-hiver 1980-1981), Inde (printemps-été 1982), Afrique (printemps-été 1985)… L'envie d'opulence, de folklore, de faste et de fête, se répercuta même dans la rue, initiant de véritables phénomènes de mode nés de la haute couture – c'est, à notre époque, suffisamment rare pour être souligné. Les trouvailles des couturiers ne l'intéressent pas. Il n'aime pas faire une mode de détails et demeure persuadé que les modes passent, tandis que le style demeure.[11] Illustration flagrante : c'est l'un des seuls à survivre durant les années 1970 parce que, depuis la fondation de sa maison de couture en 1962, il se tourne vers la création de « vrais » vêtements, qui auront pour particularité de ne pas se démoder : des pantalons, des imperméables, des jupes, des chemisiers, en somme toute une série de vêtements déjà standardisés mais auxquels il apporte une touche très personnelle. Ce qu'il désire, c'est marquer son époque par une nouvelle attitude, mais aussi par l'invention de tenues de base originales qui, toujours reprises, constituent à la longue de véritables classiques à l'instar du jean – qu'il regrette infiniment de n'avoir pas inventé. Cabans, blazers, sahariennes, duffle-coats, smokings, costumes d'homme, kilts, grandes capes, blouses d'inspiration folklorique sont ainsi devenus des vêtements de fond de garde-robe, susceptibles d'être réactualisés par un simple accessoire, ou par une association nouvelle et curieuse laissée au gré des femmes. Ces vêtements ne subissent en aucun cas les diktats du plus grand nombre. Ce sont, avant tout, des créations de Saint Laurent. Des vêtements harmonieux qui respectent et s'adaptent aux proportions du corps féminin, qui lui donnent l'aisance du mouvement, un confort indéniable, et procurent à la femme la faculté d'être soi-même, d'être, tout simplement, toujours « à propos ». Qu'ils se déclinent dans des tonalités sourdes, qui conviennent à la lumière parisienne, ou, pour le soir, dans d'extraordinaires mélanges de couleurs éclatantes, ces vêtements ont en commun le secret de l'harmonie. Ainsi les saisons peuvent-elles se confondre, se mélanger, se superposer, s'imbriquer au sein d'une garde-robe devenue intemporelle et universelle.

Après avoir rapidement cerné la définition du style d'Yves Saint Laurent, ou cette « unité des biographies hétérogènes qui composent sa biographie », comme le définit Roger Vailland, il s'agit maintenant de préciser la notion d'exotismes et de voir pourquoi elle s'applique si bien à son œuvre. Loin d'être anecdotique et réductrice, cette notion permet, en fait, d'embrasser la quasi-totalité de la production d'Yves Saint Laurent. Les exotismes fournissent, pour cette œuvre prolixe, une parfaite clé de lecture. Plus de trente ans d'un style mûr depuis la première collection, trente ans de recherches marquées d'une subtile évolution, trente ans de propositions très peu liées à l'histoire générale de la mode. En somme, plus de trente ans de diversité au sein d'un style homogène.

La sensation d'exotisme naît le plus communément d'un dépaysement. Mais, au périple maritime, au voyage terrestre, répond immédiatement une plongée dans l'expérience intérieure du créateur. La géographie n'est donc pas seule à susciter cette notion d'exotisme et il ne s'agit pas de flatter le goût suspect des amateurs de cocotiers et d'aventures d'escales. L'exotisme de Saint Laurent, à l'instar de celui de Segalen,[12] est aussi donné en fonction du temps et du regard de chacun. La sensation d'exotisme peut aussi se définir comme une notion du « différent », une perception du « Divers », et même, comme un sentiment « d'inquiétante étrangeté » face à des objets connus que soudain l'on ne reconnaît plus. A l'inspiration fournie par les pays lointains succèdera naturellement l'évocation d'un exotisme de proximité, plus intérieur, d'un voyage dans l'imaginaire ; en somme, il s'agira de porter un regard sur tout ce qui devient Autre et étrange par le biais du décalage, de la transgression, de l'humour, de la citation, de la provocation, de la récupération, du détournement...

Comme Poiret, qui au début du siècle trouva son inspiration dans l'Orient, comme Vionnet, Dessès et Grès qui s'inspirèrent de l'Antiquité, Yves Saint Laurent va puiser son inspiration dans un « ailleurs » qui lui est propre. Marrakech, avec sa lumière si étonnante qui transcende les couleurs les plus vives, est sans doute l'un des lieux privilégiés de ressourcement pour ce créateur féru de solitude. Il y dessine presque toutes ses collections et s'y retrouve dans une atmosphère familière proche de celle de son enfance oranaise. C'est là qu'il dit avoir découvert la couleur, au sein des jardins de Majorelle.[13] L'endroit est sombre, infiniment mystérieux, les couleurs particulièrement violentes. Les bleus y sont durs, l'eau est glauque, le feuillage étonnamment vert. Et puis il y a encore le rose corail, le jaune, le turquoise...[14] Les couleurs les plus brutales se mêlent, s'entrechoquent

Collection Haute Couture Automne-Hiver 1970/1971
Photographie David Bailey, reproduced courtesy of *Vogue*©. The Condé Nast Publications Ltd.

12

« Avant tout, déblayer le terrain. Jeter par-dessus bord tout ce que contient de mésusé et de rance ce mot d'exotisme. Le dépouiller de tous ses oripeaux : le palmier et le chameau ; casque de colonial ; peaux noires et soleil jaune ; [...]. Puis dépouiller le mot exotisme de son acception seulement tropicale, seulement géographique. L'exotisme n'est pas seulement donné dans l'espace, mais également en fonction du temps. Et en arriver très vite à définir, à poser la sensation d'exotisme qui n'est autre que la notion du différent ; la perception du Divers ; la connaissance que quelque chose n'est pas soi-même ; et le pouvoir d'exotisme, qui n'est que le pouvoir de percevoir l'autre. »
Victor Segalen, *Notes sur l'Exotisme*, 1908.

13

Jardins restaurés par Pierre Bergé et Yves Saint Laurent.

14

Pour l'étude de la couleur, voir le texte de Michel Pastoureau (p. 47).

sans jamais se nuire. Elles le prédisposent à la définition d'harmonies colorées extrêmement hardies. Ses impressions de voyage ne s'apparentent nullement aux prospectus de tourisme, à tout ce bazar de clichés donné en pâture par les agences de voyage à leur clientèle en veine d'exotisme. Elles sont de l'ordre de l'intime, de la perception d'un être de nuances. Comme celles procurées par la Chine, elles restent toujours vivaces et profondément originales. Elles se confondent volontiers avec des références littéraires, s'amalgament à des réminiscences picturales ou entrent en symbiose avec quelques mesures d'une symphonie.

Sachant que le mythe est souvent plus vrai que le document, Saint Laurent n'agit pas en ethnologue. Il ne va pas chercher des faits, mais des visions. Suivant les principes de Mallarmé, il ne peint pas la chose mais l'idée qu'elle produit, l'idée qu'il s'en fait. C'est un esthète qui ne conserve des contrées ou des sujets sur lesquels il porte son attention que des images fugaces, des ambiances diffuses, des attitudes fugitives qui imprègneront ses dessins et, plus tard, la gamme des couleurs et des tissus, l'accessoirisation des modèles, et même le choix des mannequins. En somme, cette inspiration liée à l'exotisme du voyage se porte essentiellement sur les apparences. Elle ne touche guère la structure du vêtement qui demeure « classique ». C'est la raison pour laquelle ses créations ne peuvent être considérées autrement que comme des « créations de mode ». Elles ne sont ni du théâtre, ni du travestissement — même si parfois s'impose une certaine théâtralité dans les défilés, inhérente à la personnalité du créateur.[15] L'idée du voyage, souvent reprise, et toujours abordée sous un angle différent, est l'un des thèmes récurrents. Le thème de l'Afrique éclate en 1967, revient en 1968, puis en 1985. Les robes sont indubitablement « africaines », mais elles sont réalisées par les plus grands artisans français. En témoignent les broderies fauves de Lesage, « façon » jaguar, tigre ou léopard. Elles demeurent, dans leur constitution, purement conformes aux normes de l'élégance européenne. L'Afrique de 1967 donne à voir des robes du soir « exotiques » en perles de bois ou de verre, en raphia, en lin... Et ce n'est pas une Africaine, mais Twiggy, le mannequin vedette de la fin des années 1960, qui porte une robe courte du soir faite de perles, de paillettes mordorées et d'appliqués de plastique bronze. Pas de batik, sinon ré-interprété par ses soins, point d'images issues du folklore local, mais seulement une inspiration, une vision très personnelle et qui, curieusement, porte en elle l'essence même de coutumes vestimentaires étrangères. Couleurs, formes et matières renouvellent la tradition Saint Laurent tout en s'adaptant aux notions de l'élégance classique européenne. En d'autres termes, une femme n'est pas déguisée en doudou, en vahiné, en princesse russe, ou en danseuse arabe. Elle est, simplement, habillée magnifiquement tout en restant elle-même. Car toutes les créations d'Yves Saint Laurent ont en elles un sens parfait de la mesure, de l'équilibre, et comme cela a été déjà dit, de l'harmonie. Fastueuses mais sans ostentation, elles transcendent la vulgarité, se démarquant ainsi du déguisement. Les plus spectaculaires — par exemple celles qui sont présentées dans cette exposition, extirpées de leur contexte original — deviennent des objets hors du temps, exempts d'un quelconque lien avec la mode. Selon tous ces critères, les créations les plus hétérogènes (en apparence variées, mais obéissant fondamentalement aux mêmes principes créatifs) se rassemblent en une même famille et contribuent, via l'exotisme, à la définition du style d'Yves Saint Laurent.

Il est, parallèlement, une autre forme d'exotisme. Encore plus subtile, plus intériorisée. Celle-ci n'est plus de l'ordre du voyage lointain. C'est un exotisme de proximité, un goût pour l'étrange,

15

Il ne faut pas oublier qu'Yves Saint Laurent, dès sa plus jeune enfance, fut passionné par le théâtre, par la création de costumes et de décors. C'est à travers le théâtre qu'il a approché la couture, puis avec Dior qu'il a véritablement appris son métier.

Robe courte du soir
Collection
Haute Couture,
Printemps-Eté 1967
Photographie Bert Stern

36

Le premier costume pantalon
Collection
Haute Couture,
Printemps-Eté 1971
Photographie
David Bailey

pour le bizarre qui puise ses racines dans l'environnement quotidien. Récupération, provocation, transgression, détournement, décalage. Selon cet axe, se compose une garde-robe, présentée d'abord au fil des saisons, puis maintenant dans la plupart des collections. Juste après le blouson de cuir inspiré des rockers que Saint Laurent fit défiler chez Dior, vint le caban. Présenté lors de la première collection, en 1962, ce vêtement de travail devenait une création de haute couture. La coupe était quelque peu repensée, l'ornementation soignée, mais le vêtement demeurait, à l'évidence, un caban. Idem pour le trench-coat de satin ciré porté sur une robe de crêpe blanc brodé de jais issu de la même collection. Puis vint la saharienne (1968), lointaine héritière de la « bush jacket ».[16] Chanel s'en était déjà inspirée et avait donné sa propre version, en shantung. Saint Laurent en fit un véritable vêtement d'été, en gabardine de coton, confortable, pratique et élégant : décolleté provocant, la saharienne était délacée jusqu'au nombril, ceinturée à la taille par de gros anneaux, négligemment portée sur un pantalon. D'autres versions suivirent qui abandonnèrent le pantalon pour se porter sur des bottes, mais toujours lacées, toujours ceinturées. Quant au lourd duffle-coat d'hiver, il se conjugue, chez Saint Laurent, principalement en été, et surtout pour le soir. Double détournement à la manière de Cocteau, où la provocation n'est pas exclue : il peut même être noir, en gazar, et de ce fait totalement transparent.

« J'ai été profondément impressionné par une photographie de Marlène Dietrich en costume d'homme. Une femme qui s'habille comme un homme – que ce soit en smoking, en blazer ou en uniforme de la marine – doit être terriblement féminine pour pouvoir porter un vêtement qui ne lui est pas destiné. Elle doit être jolie et raffinée jusque dans les détails ».[17] Avec le thème « croisière », pourtant maintenant si convenu, il donne déjà un aspect exotique à ses collections. Le créateur s'inspire de l'uniforme des marins, de leurs assemblages de couleurs, de l'ordonnance du costume. Ce qui est profondément exotique, c'est de le destiner à une femme. Saint Laurent allait imposer sa version de l'ambiguïté, rendant ainsi un hommage aux femmes courageuses, qui, au tournant du siècle, bousculèrent les préjugés vestimentaires : Lucie Delarue Mardrus s'était mariée en costume de cycliste avec bloomer et canotier ; puis vinrent les textes de Victor Margueritte, qui devaient mettre la « Garçonne » à la mode... Bien d'autres détournements sur le registre du masculin féminin fondèrent très vite la renommée d'Yves Saint Laurent. Celui qui pense que « le temps des hommes dominateurs et des femmes poupées est révolu »,[18] ce « Petit Prince », cet « Enfant Chéri de la couture » s'était déjà intéressé au blazer ; il allait imposer le smoking – le « label » Saint Laurent comme il se plaît à l'intituler – et le costume d'homme à une époque où le port du pantalon par les femmes était loin d'être admis. Il présenta un smoking en 1966. Depuis, chaque collection en offre une version différente : smoking bermuda avec chemise de cigaline, veste de smoking portée sur une jupe longue ou courte, avec des knickers, jumpsuit, smoking-pyjama, robe-smoking, smoking porté avec une blouse ou un soutien gorge de guipure, ou encore gilet réplique de son propre gilet de smoking, etc. Mais toujours un smoking ! un goût bien particulier dérivant de choix esthétiques clairement définis inhérents à la personnalité même d'Yves Saint Laurent. La provocation d'un soir exceptionnel devient exotisme pour le jour : pour l'été 1971, Yves Saint Laurent crée un costume de serge rayé marine et bordeaux, porté avec une blouse transparente de mousseline imprimée bordeaux à pois blancs. Le costume d'homme adapté à la femme était né. Il choqua terriblement les âmes conservatrices qui trouvaient là un synonyme de perversité, mais il répondait parfaitement à l'aspiration d'égalité des sexes qui émanait de la génération

Smoking long du soir
Veste et jupe en satin noir,
blouse en satin blanc
Collection Haute Couture,
Automne-Hiver 1988/1989
Photographie Arthur Elgort

16

Héritage des tenues de brousse, la «bush jacket» des troupes coloniales de l'armée britannique fut reprise par l'armée américaine du Pacifique durant la Seconde Guerre mondiale. La patte d'épaule permettait d'y mettre les galons, la patte sous le col de suspendre la chemise à un arbre pour se baigner... Voir Maguelonne Toussaint-Samat, *Histoire technique et morale du vêtement*, Bordas Cultures, 1990, p. 339.

17

Yves Saint Laurent, catalogue de l'exposition *Yves Saint Laurent par Yves Saint Laurent*, *op. cit.*, p. 21.

18

Elle, 5 mai 1969.

Robe de cocktail en jersey vert foncé, brodée d'un serpent or enroulé
Collection Haute Couture,
Automne-Hiver 1966/1967
Photographie Duane Michals

19

Yves Saint Laurent, catalogue de l'exposition
Yves Saint Laurent par Yves Saint Laurent,
op. cit., p. 21.

20

Il va même jusqu'à poser nu devant l'objectif de
Jeanloup Sieff, en 1971, pour le lancement d'un
parfum masculin. C'était, en outre, la première
fois qu'un créateur de mode faisait lui-même la
promotion de son parfum.

21

Jacques Doucet fut le premier acquéreur des
Demoiselles d'Avignon de Picasso.

22

Yves Saint Laurent, cité par Hélène de
Turckheim, extrait du catalogue de l'exposition
Yves Saint Laurent par Yves Saint Laurent, op. cit.

« soixante-huitarde ». « La rue et moi, c'est une histoire d'amour. 1971 est une grande date car, enfin, la mode descend dans la rue ».[19] Avec une telle référence, le pantalon put se diffuser sur les lieux de travail, répondant ainsi au désir latent des femmes, au grand dam de leurs employeurs. Saint Laurent transgresse les interdits.[20] Il donne en exemple et « moralise » des tenues qui s'imposent comme autant de références. Celles-ci, via les magazines, se propagent tout naturellement dans la rue.

« L'exote » se retrouve encore dans le jeu subtil sur le nu, le dévêtu. Avec la transparence totale d'une robe du soir de 1966, faite d'organdi de soie marine, en partie brodée, Yves Saint Laurent joue dans le sens de la révolution sexuelle. Il exalte un corps jeune qui n'a plus rien à cacher. Ces effets de transparence, souvent repris, se placent avec une fréquence régulière sur le buste et se laissent généralement découvrir sous une veste. Parfois, il peut s'agir d'un total dévoilement d'une partie du corps : les jambes, bien sûr, suggérées par de longues fentes ou totalement mises à nu – ce qui ne choque plus personne –, mais surtout, les seins. Exhibés sur les plages, ils constituent encore, hors de ce périmètre ou de l'enceinte privée, une provocation, un outrage à la pudeur. Saint Laurent, sous des aspects apparemment innocents, met la poitrine en exergue en l'enserrant dans une gangue d'or de Claude Lalanne, ou dévoile négligemment un sein. Sculpté, dévoilé ou à moitié caché sous l'artifice d'une transparence, il joue, finalement, avec la bizarrerie, avec l'étrangeté du comportement qu'il induit malicieusement. Clin d'œil impertinent face aux conventions bourgeoises, la mise à nu du corps relève aussi d'une démarche à la fois esthétique et érotique. Il invente de hardis décolletés, s'amuse avec la transparence d'une dentelle ou d'une mousseline, ou encore, définit des lignes et des découpes qui sinuent harmonieusement le long du corps, en épousant, telle une caresse, ses rondeurs délicates.

« Je dessine pour les femmes des modèles classiques afin qu'elles se sentent aussi à l'aise dans leurs vêtements que les hommes dans leurs costumes ». Des modèles classiques, certes, mais sur lesquels viennent se greffer les motifs les plus étranges, tel ce serpent d'or qui s'enroule autour d'une simple robe sombre – le symbole est loin d'être innocent ! L'allusion à l'art est permanente chez Saint Laurent. Collectionneur, il vit entouré d'œuvres d'art. Il a même en sa possession une partie de la « collection Doucet » qui fut, en son temps, couturier et collectionneur averti d'art contemporain.[21] Le goût de Saint Laurent se porte notamment sur Goya et Velasquez (il y a « toujours une infante ou une maja qui traîne dans mes collections »[22]), Picasso, Braque, Gris, Matisse, Poliakoff, Warhol, Wesselman, Hockney, et Mondrian auprès de qui il puisa son inspiration pour sa collection de l'automne-hiver 1965. Qui peut prétendre qu'un Picasso se démode ? De même, qui peut prétendre qu'un « vêtement à l'effigie d'une œuvre d'art » créé par Saint Laurent puisse se démoder ? Le vêtement est toujours simple, strictement défini, il flatte la silhouette. Le motif, quant à lui, n'est pas conçu comme tel. Il ne vient pas se superposer à la robe, mais s'y intègre naturellement. Saint Laurent pousse plus loin ce qu'avait initié Elsa Schiaparelli avec ses amis surréalistes : l'objet est littéralement absorbé par la robe, en devient l'une des composantes primordiales. Le tableau, statique par essence, se voit doté d'une nouvelle dimension, celle du mouvement. C'est ainsi que se renforce le caractère d'étrangeté lié à la production des « robes-tableau ». Il en va de même pour l'intégration des citations poétiques : Apollinaire, Cocteau, Aragon, ainsi que pour toutes les allusions à ses héros proustiens qui ne cessent de hanter ses collections.

Robe « Mondrian »
Collection
Haute Couture,
Automne-Hiver 1965

Curieusement, là encore, Saint Laurent met à sa façon la littérature en exergue au moment même ou celle-ci semble se détacher du culte des descriptions vestimentaires...

« Je raconte presque toujours la même histoire... J'aime, par dessus tout, la rigueur, la simplicité et la beauté du classique. Mais ma fantaisie, mes dons imaginatifs très prononcés, me font aller quelquefois vers le baroque, l'étrangeté ». Du classique au baroque, de la norme à l'étrangeté, l'œuvre d'Yves Saint Laurent demeure fondamentalement homogène et en perpétuel renouvellement. C'est l'œuvre d'un précurseur, qui a, depuis le début, anticipé sur son temps, en proposant des modèles qui ont d'emblée fait fi des tendances de la mode. En trente ans, les comportements et les structures de la mode ont évolué. Le temps de la mode qui se démode est désormais révolu. Passé. Définitivement oublié. La mode n'obéit plus aux diktats des couturiers. On ne l'aborde plus dans sa globalité. Elle se définit par l'unicité de ses propositions. Qu'ils soient couturiers, artistes, stylistes, inventeurs, bricoleurs, copieurs, ou consommateurs, les « gens de mode » – et vous aussi lecteurs – ont désormais la liberté d'agir sans contrainte, même plus celle de l'esthétique – qui est déjà elle-même synonyme de mode. Comme désormais tout est possible, tout est permis, qu'il n'y a plus une image idéale périodiquement renouvelée, mais seulement des signes, des indices, de ralliements sociologiques – en d'autres termes, une définition plurielle et complètement éclatée de la mode – chacun, donc, peut y trouver sa place et la faculté de s'exprimer comme il l'entend. D'après ces modèles, la haute couture n'est plus au sommet d'une construction pyramidale, l'exemple luxueux repris, ré-interprété, par le prêt-à-porter,[23] par la confection et finalement destiné à la base, c'est-à-dire aux consommateurs. Elle s'intègrerait plutôt dans un champ linéaire de propositions, d'exemples. Réduire la haute couture à un phénomène de prestige, à un simple conservatoire de métiers traditionnels, en somme, à un artisanat de luxe, constitue une vision aussi simpliste que passéiste. Car la haute couture est avant tout un laboratoire d'images, un fabuleux moyen d'expression mis au service des personnalités les plus douées et le seul mode de production encore à peu près exempt de préoccupations commerciales. Dans cet univers-là peut donc éclore et s'épanouir la créativité. Chez Saint Laurent, chaque modèle, qu'il s'intègre ou non dans un thème, est conçu comme une pièce unique, comme une œuvre, comme un chef-d'œuvre. Depuis plus de trente ans, Yves Saint Laurent s'adonne à son art, réalisant amoureusement ses collections, un modèle après l'autre, avec pour moteur son expérience intérieure et pour finalité l'élégance de la femme. Toujours à la recherche du nouveau, il semble peu soucieux de la postérité de ses modèles. Car si la rue l'inspire, il ne la fréquente que brièvement, uniquement pour en comprendre et en retenir l'esprit du moment, l'air du temps, le fameux « Zeitgeist ». C'est une source d'inspiration supplémentaire – déjà, un exotisme en soi – et le champ ouvert à tous les possibles. C'est, enfin, par tous ces phénomènes de distanciation, qu'Yves Saint Laurent trouve son ancrage dans la modernité.

Catherine Ormen
Conservateur du musée
de la Mode de Marseille

23
Saint Laurent, en construisant ses collections de prêt-à-porter avec autant de soin que celles de la haute couture, en donne un témoignage évident.

Veste « Jean Cocteau »
en satin rosé brodé d'un
vers du poème
« Batterie »
Fourreau en velours noir
Collection
Haute-Couture,
Automne-Hiver
1980/1981
Photographie
Duane Michals

La fantaisie et la rigueur

G.-Y. Dryansky : *De nos jours, le mot couturier est souvent utilisé abusivement. Or, Yves Saint Laurent est un véritable couturier. Pouvez-vous définir un couturier, en expliquant ce qui le différencie d'un designer ?*
Edmonde Charles-Roux : Seul le mot couturier à mon avis sous-entend véritablement inventeur de formes, technicien du vêtement, un homme qui « bâtit » un vêtement pour être immédiatement portable. Un *designer*, tel qu'on l'entend aux Etats-Unis, veut davantage dire inventeur d'idées, lanceur de formes. Avant tout, la haute couture, c'est une question de structure.

G.-Y. D. : *Si un couturier possède à la fois un style et une « main », comment décririez-vous la « main »
d'Yves saint Laurent ?*
E. C.-R. : La « main » d'Yves Saint Laurent est à mon sens faite à parts égales de connaissance de son métier, donc de pratique (ce qui est autre chose que la connaissance), de longue pratique, et de génie.

G.-Y. D. : *Saint Laurent a souvent exprimé son admiration pour Chanel. En quoi sa « main » est-elle différente de celle de Chanel, en quoi se ressemblent-elles, et pourriez-vous décrire la « main » d'autres grands couturiers que vous avez connus ?*
E. C.-R. : A priori je ne vois pas de ressemblance entre la « main » de Chanel et la « main » de Saint Laurent. Il y a... déjà... une différence essentielle, la fantaisie : c'est un domaine dans lequel Yves Saint Laurent est roi. Chanel n'était pas une femme de fantaisie, c'était le contraire d'une fantaisiste. Si nous devions trouver un point commun, nous dirions rigueur.
Mais alors là, votre question est une question piège, parce que nous pouvons dire la même chose de Balenciaga. Balanciaga qui était la fantaisie même était par beaucoup d'aspects la rigueur même. Alors nous pouvons dire qu'il n'y a pas de vrai grand couturier sans rigueur.

G.-Y. D. : *Il y a des structures telles que la structure de Chanel et la structure de Saint Laurent qui sont des structures libératrices. Et d'autre part, il y a eu des structures genre Dior et Balenciaga qui étaient...*
E. C.-R. : ... Des structures contraignantes ! Oui, contraignantes est le mot... C'était quelquefois une affaire compliquée – jamais impossible, jamais stupide, jamais gratuite – mais c'était souvent une affaire compliquée que de mettre sur un mannequin, ou de se glisser soi-même dans un vêtement de Dior ou de Balenciaga. Je crois que ce serait un effort que l'on aurait du mal à faire accepter à une femme d'aujourd'hui.
Ce qui explique aussi la modernité de Saint Laurent, car un vêtement de Saint Laurent est presque toujours très simple à revêtir. Les vêtements de Chanel... j'allais presque dire... le battent de quelques longueurs sur ce point. C'est la mode du « rien ». Il faut toujours revenir à la définition de Poiret : « Cette femme qui a fait du misérabilisme un luxe. » Je pense qu'en disant ça je ne suis pas du tout en train de critiquer les vêtements de Saint Laurent. Ils sont peut-être un peu plus « far-fetched » dans leur façon d'être agencés, leurs structures un peu plus fouillées peut-être – jamais compliquées, fouillées.

G.-Y. D. : *Les couturiers se considèrent parfois comme des artistes. Le sont-ils ?*

E. C.-R. : Pour moi, ce sont des artistes, comme toute personne qui, à partir d'un matériau dont vous et moi ne saurions strictement rien faire, fait quelque chose.

G.-Y. D. : *Est-ce que le raffinement du travail de la couture a encore un sens de nos jours, vu l'attitude actuelle à l'égard du vêtement ?*

E. C.-R. : Est-ce que la hâte dans laquelle vivent les femmes actives, les femmes qui ont une place dans la société d'aujourd'hui, est-ce que le fait que la vie d'une femme active se rapproche de plus en plus de la vie d'un homme actif, est-ce que tout ça laisse de la place au raffinement ? Et bien moi, je réponds oui ! Et je dirai même que nous avons une espèce de preuve à cela, c'est que le raffinement du costume masculin, précisément, s'est accru dans ces dernières années ; le raffinement n'est pas seulement une question de doublures, de finitions à la main. L'invention dans le costume, la singularisation du costume, à mon sens, ne sont pas près de se perdre.

G.-Y. D. : *Yves Saint Laurent a ouvert sa première boutique Rive Gauche rue de Tournon en 1966. La ligne Rive Gauche est actuellement en vente dans 160 boutiques à travers le monde. Il a donc réussi et le prêt-à-porter, et la couture. En dehors de son style, en quoi son prêt-à-porter se distingue-t-il de ceux des* designers *qui ne sont pas passés par la couture ?*

E. C.-R. : Ecoutez, pour moi, ça le distingue de ces *designers*-là autant que le jour se distingue de la nuit. Il y a un monde entre une fantaisie que l'on se paye parce que c'est drôle, parce que c'est charmant, parce qu'on en a besoin dans la minute précise où on l'achète, et ce que les Français appellent, et surtout Chanel appelait, un « vêtement d'usage ». J'ai des vêtements de prêt-à-porter que je porte depuis dix ans.

Je passe mon temps à dire à des quantités de jeunes filles que je pratique (car je vois beaucoup de jeunes et beaucoup d'étudiants), je dis : « Vous avez bien raison d'acheter des jeans, ça ne fait aucun tort à la couture et au prêt-à-porter, parce que vous savez ce que c'est qu'un vêtement d'usage. Et le jour où vous en aurez marre de votre jean, vous essaierez de trouver cette même qualité dans une jupe, dans une veste, dans un blazer, dans un corsage. »

N'a d'intérêt que ce que vous pouvez porter longtemps, parce que ce que vous pouvez porter longtemps veut dire que vous avez un style.

G.-Y. D. : *Conseilleriez-vous à un jeune qui veut faire une carrière dans le* design *du vêtement de commencer par acquérir sa technique dans la couture ?*

E. C.-R. : A tous les coups, s'il a les moyens, la possibilité, d'entrer dans un atelier de couture. Je lui conseillerais exactement comme Michel de Brunhoff a conseillé à Yves Saint Laurent, lorsqu'il est arrivé d'Oran, de retourner dans sa ville natale pour passer son baccalauréat, et lorsqu'il l'a eu, il lui a dit : « Commencez par faire une école de coupe » – ce que tout le monde oublie – où Yves s'est ennuyé à mourir mais a quand même travaillé pendant près de huit mois, si je ne me trompe pas. La ligne de conduite d'Yves Saint Laurent à ses débuts est exemplaire. C'est de plus un homme cultivé, que son premier patron, Dior, a encouragé à sortir le soir, à aller au théâtre, à faire du costume, à apprendre comment sont faits des décors. Le costume, c'est un tout, ce n'est pas seulement un tailleur de voyage, c'est la connaissance du costume passé. Donc, à des jeunes d'aujourd'hui... je dirais : « Suivez la route d'Yves ! »

G.-Y. D. : *Peut-on être un grand* designer *de nos jours sans être un couturier ?*

E. C.-R. : Pour moi un couturier est une chose, un *designer* en est une autre. Et... je ne nie pas l'importance d'un *designer*, je dis : un couturier, c'est autre chose. Un couturier, il en restera quelque chose. Il restera une marque sur une civilisation. A travers les peintres, à travers, les philosophes, à travers les films.

Restera-t-il quelque chose des *designers* ? Je n'en sais rien, mais en tout cas, je peux vous dire qu'un homme comme Yves Saint Laurent marque son époque. Qu'il sera très difficile d'écrire l'histoire de notre époque telle qu'on écrit l'histoire aujourd'hui sans le mentionner.

Conversation avec Edmonde Charles-Roux

Propos recueillis par G.-Y. Dryansky

in *Bravo Yves*, Edition Maïme Arnodin, Fayolle, 1982

Héraldique de la robe

Peut-on parler de la « palette » d'un couturier ? Assurément s'il s'agit d'une collection d'automne ou de printemps présentant un vestiaire chromatiquement homogène. Mais, à propos d'une œuvre s'étendant sur plusieurs décennies, le terme reste-t-il légitime ? Ne faudrait-il pas lui préférer ceux de « gammes », de « tonalités », voire de « musiques », la polychromie inhérente à toute création de longue durée débouchant nécessairement sur le symphonique ou le polyphonique.

Se poser de telles questions n'est ni oiseux ni anecdotique. La couleur entretient avec l'étoffe et le vêtement des rapports étroits et multiformes. Elle « fait » la robe ou le tailleur tout autant que la matière, la coupe, la ligne ou les accessoires. Toutes les enquêtes conduites depuis un demi-siècle dans l'univers du prêt-à-porter ont ainsi montré que le premier critère du choix d'un vêtement n'était ni la forme, ni le tissu, ni même le prix mais bien la couleur. En outre, depuis longtemps, dans le monde de la haute-couture, les références à la peinture sont, comme celles à la musique, des références obligées ; au point d'être parfois devenues des poncifs insupportables.

Rien de tel évidemment chez Yves Saint Laurent qui en ce domaine fit œuvre de pionnier. Dès 1965, ses robes courtes tubulaires en jersey rappelaient certaines toiles de Mondrian. Puis ce fut, l'année suivante, le Pop Art, évoqué par un décor audacieux de soleils, de lunes, d'étoiles et de profils féminins assemblés à la manière d'un collage. Un peu plus tard, en 1979, une robe aux motifs abstraits et très colorés est expressément dédiée à Picasso. En outre, tout au long de sa carrière et de sa vie, Saint Laurent a revendiqué l'influence de Matisse.

Toutefois, la peinture est une chose et la couleur en est une autre. L'historien le sait bien, qui ne peut jamais réduire l'histoire des couleurs à celle de la peinture, alors qu'il lui est tout à fait possible de construire solidement une histoire de la couleur autour de celle du vêtement. Teinturiers et couturiers ont toujours beaucoup plus à dire sur la sociologie des couleurs, sur leurs enjeux économiques et symboliques, sur les modes, les goûts et les choix, que les peintres et les artistes.

La couleur portée sur le corps ne relève pas tant du *pictural* que de l'*emblématique*, de l'*héraldique* même. Chaque société, chaque milieu, chaque groupe ou individu s'héraldise par son vêtement. Au reste, le vocabulaire du blason confirme pleinement ce lien entre la couleur et la couture en usant fréquemment du terme *cousu* pour qualifier deux zones de couleurs différentes qui se touchent alors que, selon la règle d'emploi des couleurs héraldiques, elles ne le devraient pas.

Cette héraldique du vêtement, à laquelle la haute couture, qu'elle le veuille ou non, n'échappe pas, conduit à penser toutes les couleurs vestimentaires comme des couleurs pures, abstraites, monochromes. N'importe quelle robe, qu'elle soit bichrome, trichrome, bariolée ou taillée dans le tissu le plus chamarré, finit toujours par être désignée par des expressions réductrices comme « robe rouge », « robe bleue », « robe blanche ». Et ce, aussi bien au Prisunic que dans l'officine du plus grand couturier. Préciser, nuancer, ergoter — un rouge fuchsia moucheté de blanc et tirant sur le rose indien — n'est pas ici de mise. Ce serait contraire à l'héraldique de la robe, c'est-à-dire à son essence même.

Par-là même, il est tentant de rechercher quelles sont les couleurs qui par leur fréquence emblématisent l'œuvre d'un créateur. Y a-t-il, sur une longue durée, des couleurs récurrentes ou

Page ci-contre :
Photographie Jorge Damonte

dominantes qui pourraient en quelque sorte constituer son blason ou sa devise (termes finalement bien préférable à celui de « palette ») ? Pour certains, cela est facile à mettre en valeur (pensons à Chanel ou à Courrèges, par exemple). Pour Yves Saint Laurent, dont la première collection chez Dior date de la fin des années cinquante et dont les créations s'échelonnent sur près de quarante ans, cela est plus malaisé. D'autant que le maître a travaillé aussi bien pour la scène que pour la ville, pour le ballet, pour le théâtre, pour le cinéma, pour le prêt-à-porter et pour le très grand luxe. Dans cette œuvre de longue haleine, diversification et renouvellement ont été constants.

Néanmoins, à l'heure d'une rétrospective, il semble permis de se livrer à une sorte de « bilan chromatique ». Je m'y essaye d'autant plus volontiers que je suis étranger au monde de la haute couture et que mon regard est celui d'un profane, simplement historien des couleurs et des emblèmes. Celui d'un spécialiste serait probablement autre.

Ce qui me frappe d'abord, ce ne sont pas tant les couleurs présentes et récurrentes que les couleurs absentes, ou du moins employées avec parcimonie : peu de verts ; peu de vrais jaunes ; peu de gris ; peu de blancs (sauf pendant la période Pop Art). Ces derniers sont souvent remplacés par des tons crème, grèges, bis, écrus. En revanche, beaucoup de rouges et de roses, déclinés parfois en associations provocantes (je persiste à penser que juxtaposer du rose et de l'orangé est une véritable agression visuelle, sinon intellectuelle) ; beaucoup d'ors et de tons mordorés ; beaucoup de noirs, surtout des noirs chauds, peut-être hérités de la fameuse collection noire de 1960 envers laquelle la critique fut si sévère. Et puis, tranchant avec cette gamme chaleureuse, des bleus durs, denses, nocturnes, parfois pétroléens, presque froids, bref, des bleus « Saint Laurent » qui resteront sans doute pour la postérité la couleur emblématique du grand couturier. Associée au parfum « Rive Gauche », cette couleur bleue peut être pensée comme une véritable armoirie.

A ces différents tons, qui forment presque un arc-en-ciel — comment du reste pourrait-il en être autrement —, il faut ajouter une quête constante de la transparence et de la nudité. Les tissus vaporeux, les décolletés audacieux, les zones volontairement ajourées sont chez Yves Saint Laurent un hommage à la peau, à son grain, à ses carnations. Les tons chair font d'autant mieux parler les couleurs de l'étoffe qu'ils restent sur le corps. On retrouve ici une conception très ancienne de la couleur, qui situe l'incolore non pas dans la gamme des blancs (pour ce faire il faut attendre les XVIᵉ-XVIIᵉ siècles) mais dans la couleur de la peau, quelle qu'elle soit. Toutes les couleurs vestimentaires se déclinent, se parlent et se répondent par rapport au corps qui les porte. Sans ce corps, sans cette peau, sans ce degré zéro de la couleur, les autres couleurs n'existeraient pas.

Michel Pastoureau

Le jardin de Majorelle
Photographie
Christian Lignon

CATALOGUE

Collection
Haute Couture
Printemps-Eté 1992

Catherine Deneuve
et Vincent Perez au
Festival de Cannes (1992)
lors de la présentation
du film *Indochine*
Catherine Deneuve porte
une robe longue du soir,
en crêpe de soie bayadère
blanc, marine et carmin
Photo :
Frédéric de Lafosse
pour l'agence Sygma

Collection
Haute Couture
Printemps-Eté 1989

Ensemble tunique
et pantalon en jersey
marine
Photo : Claus Ohm

Collection
Haute Couture
Printemps-Eté 1990

Tailleur en coton blanc,
blouse en piqué blanc
Tailleur en ottoman de
coton blanc, blouse en
satin blanc
Ensemble de jour
Caban en ottoman blanc,
pantalon en satin de
coton blanc, blouse en
piqué blanc
Photo : Arthur Elgort

Collection
Haute Couture
Printemps-Eté 1989

Ensemble marinière
en toile blanche
Photo : Claus Ohm

Collection
Haute Couture
Printemps-Eté 1984

Tailleur en gabardine
marine et piqué blanc
Photo : Claus Ohm

Collection
Haute Couture
Automne-Hiver 1990/91

Robe longue du soir
en satin turquoise
Photo : Claus Ohm

Collection
Haute Couture
Printemps-Été 1983

Jerry Hall, accompagnée
de Mick Jagger, porte une
robe longue du soir
en satin bleu des mers
du Sud
Photo : Arthur Elgort,
courtesy *Vogue* Paris

Collection
Haute Couture
Printemps-Eté 1983

Robe courte du soir
brodée d'écailles argent
et turquoise
Photo : Claus Ohm

Collection
Haute Couture
Printemps-Eté 1985

Robe longue du soir
en mousseline de satin
marine
Photo : Claus Ohm

Collection
Haute Couture
Printemps-Eté 1986

Robe longue du soir
en satin laqué bleu
outremer
Photo : David Seidner

Collection
Haute Couture
Printemps-Eté 1985

Robe longue du soir
en crêpe outremer
Photo : David Seidner

Collection
Haute Couture
Automne-Hiver 1990/91

Robe longue du soir en
mousseline-satin vert
Photo : Marc Hispard,
Scoop Elle

Collection
Yves Saint Laurent
Rive Gauche
Automne-Hiver 1991/92

Robe longue du soir
en lamé or
Photo : Charles Lamb

Collection
Haute Couture
Printemps-Eté 1989

Cape en mousseline irisée
bleu Neptune
Robe longue en
mousseline vert lichen
et vert mousse
Photo : Claus Ohm

Collection
Haute Couture
Printemps-Eté 1988

Robe longue du soir
en crêpe blanc
Colombe brodée de
paillettes blanches
Photo : Claus Ohm

Collection
Yves Saint Laurent
Rive Gauche
Automne-Hiver 1991/92

Robe longue du soir
en lamé or à capuche
Photo : Guy Marineau

Collection
Haute Couture
Printemps-Eté 1988

Robe longue du soir
en crêpe bleu royal
Colombe brodée
de paillettes blanches
Photo : Tony Mc Gee,
courtesy *Harper's Bazaar*
France

Collection
Yves Saint Laurent
Rive Gauche
Printemps-Eté 1989

Robe longue du soir
en crêpe blanc
Photo : Joseph Astor,
Marie-Claire Bis

Collection
Haute Couture
Printemps-Eté 1988

Ensemble long du soir
Cape « cubiste » en satin
jaune d'or brodée
par Lesage
Tunique en satin
bouton d'or
Jupe en satin fuchsia
Photo : Claus Ohm

Collection
Haute Couture
Automne-Hiver 1992/93

Ensemble long du soir
Paletot en satin
bouton d'or
Robe en satin fuchsia
et violet
Photo : Claus Ohm

Collection
Haute Couture
Automne-Hiver 1992/93

Ensemble long du soir
Paletot en satin absinthe
Robe en satin rose,
jaune et fuchsia
Photo : David Seidner

Collection
Haute Couture
Automne-Hiver 1992/93

Ensemble long du soir
Paletot en satin soleil
Robe en satin émeraude
Photo : Claus Ohm

Collection
Yves Saint Laurent
Rive Gauche
Printemps-Eté 1991

Boléro en toile de soie
fuchsia brodée de
paillettes, soutien-gorge
en perles multicolores,
pantalon en toile de soie
bleue, brodé de paillettes
Soutien-gorge en perles
multicolores, zouave
en organza imprimé,
châle en organdi imprimé
Brassière en perles
multicolores, zouave
en coton imprimé
Photo : Gilles Bensimon,
Scoop Elle U.S.A.

Collection
Yves Saint Laurent
Rive Gauche
Printemps-Eté 1991

Soutien-gorge en perles
multicolores
Zouave et châle
en organza imprimé
Photo : Sacha,
Marie-Claire

Collection
Haute Couture
Printemps-Eté 1988

Ensemble long du soir
Poncho et robe en
mousseline noire, marine,
tabac, et brun
Robe courte du soir
en mousseline marine
Photo : Arthur Elgort,
courtesy *Vogue* Paris

Collection
Haute Couture
Automne-Hiver 1982/83

Robe longue du soir
en crêpe satin imprimé
panthère
Photo : Helmut Newton

Collection
Haute Couture
Automne-Hiver 1990/91

Manteau en plumes
multicolores

Illustration
de Ruben Alterio

Collection
Haute Couture
Automne-Hiver 1990/91

Ensemble long du soir
Manteau en plumes
multicolores
Robe en mousseline
imprimée tigre
Photo :
Jean-Claude Sauer,
Scoop Paris Match

Collection
Haute Couture
Printemps-Eté 1967

Collection « Africaine »
Planche des croquis
d'Yves Saint Laurent

Collection
Haute Couture
Printemps-Eté 1967

Ensemble court du soir
Manteau en raphia roux
Robe en perles de bois
Photo : Jean-Paul Cadé

Collection
Haute Couture
Printemps-Eté 1967

Robe longue du soir
« Bambara », brodée
de perles de bois
multicolores
Photo : Duane Michals

Collection
Haute Couture
Automne-Hiver 1964/65

Robe-manteau brodée
léopard
Photo : Duane Michals

Collection
Haute Couture
Printemps-Eté 1990

Robe en écharpes de
mousseline imprimée
panthère
Hommage à
Sylvana Mangano
Photo : Claus Ohm

Collection
Haute Couture
Automne-Hiver 1990/91

Boléro en paillettes,
brodé panthère
et plumes marron
Robe courte du soir
en paillettes, brodée tigre
Robe courte du soir
en paillettes, brodée
panthère
Photo : Arthur Elgort

Collection
Haute Couture
Automne-Hiver 1990/91

Ensemble court du soir
Manteau en plumes
noires et rousses
Robe en paillettes,
brodée panthère
Photo :
Françoise Huguier,
Marie-Claire

Collection
Haute Couture
Printemps-Eté 1982

Tailleur court du soir
en lamé rose brodé
de perles
Ensemble du soir
Boléro et robe en lamé
vert et rouge
Photo : Helmut Newton

Collection
Haute Couture
Automne-Hiver 1986/87

Robe du soir en panne
lamée or et noire
Photo : Claus Ohm

Collection
Haute Couture
Printemps-Eté 1982

Ensemble long du soir
Paletot en gazar orange
brodé
Robe en crêpe noir
Photo : Claus Ohm

Collection
Haute Couture
Automne-Hiver 1981/82

Tailleur long du soir
brodé d'or et de
pierreries
Photo : Seep, *Scoop Elle*

Collection
Haute Couture
Printemps-Eté 1986

Ensemble du soir
Cardigan brodé crocodile
rose
Robe en satin fuchsia
Photo : Claus Ohm

93

Collection
Haute Couture
Printemps-Eté 1989

Ensemble du soir
Boléro en gazar ébène
brodé
Jupe en satin iris
Photo : Claus Ohm

Collection
Haute Couture
Printemps-Eté 1989

Boléro en gazar cyclamen
brodé
Photo : François Halard

Collection
Haute Couture
Printemps-Eté 1989

Ensemble du soir
Boléro en gazar
mandarine brodé
Jupe longue en satin
Croquis
d'Yves Saint Laurent

Collection
Haute Couture
Printemps-Eté 1989

Ensemble du soir
Boléro en gazar
mandarine brodé
Jupe longue
en satin pivoine
Photo : Claus Ohm

Collection
Haute Couture
Automne-Hiver 1976/77

Trois croquis
d'Yves Saint Laurent

Collection
Haute Couture
Automne-Hiver 1976/77

Ensemble long du soir
Boléro en velours noir
gansé or
Blouse en mousseline
imprimée multicolore
Jupe en faille mauve
et velours noir
Photo : Barry Lategan,
reproduced courtesy of
Vogue ©. The Condé
Nast Publications Ltd.

Collection
Haute Couture
Automne-Hiver 1976/77

Manteau en lamé or,
brodé de jais et garni
de vison noir
Photo : Duane Michals,
courtesy American *Vogue*

Collection
Haute Couture
Automne-Hiver 1977/78

Paletot en damassé or
Pantalon en velours
matelassé noir
Photo : Lothar Schmid
Reproduced
courtesy of *Vogue*©
The Condé Nast
Publications Ltd

Collection
Haute Couture
Printemps-Eté 1980

Ensemble long du soir
Veste en gazar noir
brodé or
Robe en dentelle
noire et or
Photo : Sepp, *Scoop Elle*

Collection
Haute Couture
Automne-Hiver 1991/92

Ensemble long du soir
Paletot et robe en satin-
cuir rouge lamé or
Photo : Claus Ohm

Ci-contre :
Yves Saint Laurent
et Loulou de la Falaise
qui porte un paletot en
satin-cuir rouge lamé or
de la collection Haute
Couture, Automne-Hiver
1991/92
Droits réservés

Collection
Haute Couture
Printemps-Eté 1962

Caban
Croquis
d'Yves Saint Laurent

1962

Pea jacket
gold buttons

white shantung
pants

Navy leather
sandal

Collection
Haute-Couture
Printemps-Eté 1968

Saharienne en gabardine
de coton beige
Bermuda en gabardine
de coton noire
Photo : Franco Rubartelli,
courtesy *Vogue* Paris

Collection
Haute Couture
Printemps-Eté 1968

La première saharienne
Croquis
d'Yves Saint Laurent

Collection
Yves Saint Laurent
Rive Gauche
Printemps-Eté 1990

Saharienne en gabardine
de coton beige
Photo : Arthur Elgort

Collection
Yves Saint Laurent
Rive Gauche
Printemps-Eté 1990

Saharienne
Croquis
d'Yves Saint Laurent

Collection
Haute Couture
Printemps-Eté 1968

Smoking short
en alpaga noir
Blouse en cigaline
et satin noirs
Droits réservés

Collection
Haute-Couture
Printemps-Eté 1968

Smoking short
en alpaga noir
Blouse en cigaline
et satin noirs
Croquis
d'Yves Saint Laurent

Collection
Haute Couture
Printemps-Eté 1990

Duffle-coat en gazar noir
Bustier en satin noir
Pantalon de smoking noir
Hommage
à Rita Hayworth
Photo : Claus Ohm

Collection
Haute Couture
Automne-Hiver 1969/70

Robe longue du soir
en crêpe noir
Robe longue du soir
en mousseline bleue
Sculptures de Claude
Lalanne en cuivre
galvanique doré à l'or fin
Photo : Manuel Litran,
Scoop Paris Match

Collection
Yves Saint Laurent
Rive Gauche
Printemps-Eté 1990

Robe asymétrique
et châle en soie imprimée
de fleurs noires, vertes,
rouges, bleues et blanches
Photo : Guy Marineau

Collection
Yves Saint Laurent
Rive Gauche
Printemps-Eté 1990

Ensemble du soir
Haut et jupe longue
en gazar
et satin noirs
Photo : Guy Marineau

Collection
Haute Couture
Automne-Hiver 1968/69

Robe longue du soir
en mousseline
et plumes d'autruche
Photo : Peter Caine

Collection
Haute Couture
Automne-Hiver 1970/71

Robe en crêpe
de soie noir,
dos en dentelle noire
Photo : Jeanloup Sieff,
courtesy *Vogue* Paris

Collection
Haute Couture
Automne-Hiver 1993/94

Robe longue du soir en
faille et velours noirs
Photo : Claus Ohm

Collection
Haute Couture
Automne-Hiver 1993/94

Robe en velours
et dentelle noirs
Photo : Claus Ohm

Collection
Haute Couture
Automne-Hiver 1991/92

Robe courte du soir en
velours et Chantilly
laquée noirs
Photo : David Seidner,
courtesy *Vogue* Paris

Collection
Haute Couture
Automne-Hiver 1991/92

Robe courte du soir en
Chantilly laquée
et velours noirs
Photo : David Seidner,
courtesy *Vogue* Paris

Collection
Haute Couture
Printemps-Eté 1970

Robe smoking
en crêpe noir
Photo : Jeanloup Sieff,
courtesy *Vogue* Paris

Collection
Haute Couture
Automne-Hiver 1990/91

Smoking en lainage noir
Blouse en guipure noire
Photo :
Laurence Cabantous

Collection
Haute Couture
Printemps-Eté 1989

Ensemble du soir
Veste en grain de poudre
noir
Robe longue
en mousseline noire
Photo : Bob Frame

Collection
Haute Couture
Printemps-Eté 1978

Ensemble du soir
Spencer et pantalon
en grain de poudre noir
Haut en dentelle noire
Photo : Arthur Elgort,
courtesy *Harper's Bazaar*
Italie

Collection
Haute Couture
Automne-Hiver 1993/94

Ensemble
Veste et gilet en velours et
satin noirs
Knickers en jersey de soie
noir
Blouse en satin blanc
Photo : David Seidner

Collection
Haute Couture
Automne-Hiver 1992/93

Pyjama du soir en velours
et satin noirs
Photo : David Seidner

Collection
Haute Couture
Automne-Hiver 1988/89

Robe smoking en grain de
poudre et satin noirs
Photo : Arthur Elgort,
courtesy *Vogue* Paris

Collection
Haute Couture
Printemps-Eté 1975

Tailleur pantalon
en gabardine grise
Blouse en crêpe de Chine
gris perle
Photo : Helmut Newton

LIFE

Jonathan Daniels writes more about

F.D.R.'s Secret Romance

'I do not feel I have peeped and told'

First color pictures

FALL FASHIONS FROM PARIS— THE LIVELIEST EVER

St. Laurent's pop-art version of how to dress for dinner

SEPTEMBER 2 · 1966 · 35¢

Yves Saint Laurent : un exotisme de fantaisie

La mode aujourd'hui n'existe plus, sinon comme une multiplicité d'envies, de façons d'être, d'imaginaires, de désirs et de rêves plus ou moins accessibles. Comme les podiums, la rue et les magazines offrent un infini défilé d'images et de silhouettes qui empruntent plus ou moins directement à toutes les époques et toutes les traditions, traversant les frontières et les cultures. Il n'y a plus la mode, mais les modes qu'adoptent, adaptent ou s'inventent des individus soumis aux fluctuations de plus en plus rapides et incertaines des marques de la distinction contemporaine. Comme si le combat entrepris dès la fin du XIXᵉ siècle par l'individu confronté à l'anonymat de la foule moderne, « l'angoisse qu'éprouve le citadin à ne plus pouvoir, malgré la mise en œuvre des singularités les plus excentriques, rompre le cercle magique du type » décrite par Walter Benjamin dans ses *Notes aux Tableaux Parisiens de Baudelaire* n'étaient pas sans fin, et le moteur même de ce caprice et de cette industrie qu'est la mode.

Dans ces jeux d'images et de société, le rôle et le rayonnement traditionnels de la haute couture et des couturiers tendent, depuis une quinzaine d'années, à s'estomper devant les succès esthétiques et marchands d'une nouvelle internationale des créateurs et des stylistes. Ces derniers vendent aussi des images et du rêve, des « look » autant que des modèles qui flattent le narcissisme contemporain autant qu'ils participent du renouvellement et de la circulation accélérés des marchandises à l'ère du capitalisme avancé. La mode, son marché et son système, son modèle, semble ainsi le douteux privilège des pays riches, ou de ceux qui s'appliquent à le devenir, et des sociétés démocratiques de masse.

Dans la confusion des styles et le triomphe récent du « fais ce que voudras » vestimentaire, l'observateur attentif repérera aisément des codes et marques d'identification éphémères, mais aussi des tendances de plus longue durée qui suivent l'évolution des mœurs et des pratiques sociales : destructuration et simplification des « classiques » (tailleur, costume) du vêtement féminin et masculin, mélanges et superpositions systématiques des couleurs, des matières, des longueurs et des saisons, sophistication grandissante des images, de la transgression des clichés de la féminité au glamour années 40 revisité, en passant par le style « destroy » et clochard chic.

Longtemps enfant terrible, puis dernier « prince » de la mode, Yves Saint Laurent est depuis plus de trente ans l'exception qui a sauvé la règle et renouvelé la tradition de cette idée très française qu'était la haute couture au tournant des années 60, quand il quitta Dior pour créer sa propre maison, à l'âge de vingt-cinq ans. Arrivé à Paris avec la fin de l'existentialisme et les débuts de la guerre d'Algérie, séduit par le dynamisme des sixties et l'insolence de sa génération, attentif à l'évolution du rôle et de l'image de la femme, il est conscient très vite des paradoxes et de l'anachronisme grandissant de sa profession. Homme de culture, il sait travailler entre deux époques, dans un moment marqué par des bouleversements irréversibles de l'économie et de la société. Mais sa vision d'esthète – « comme Scott Fitzgerald, j'aime les délires mortels. J'aime Visconti et les époques troublées comme dans *Senso*. La décadence m'attire. Elle annonce un monde nouveau, et pour moi le combat d'une société prise entre la vie et la mort est absolument magnifique

Page ci-contre :
Couverture de *Life Magazine*
Robe « Pop Art » au nu en jersey de laine noir, violet et rose
Collection Haute Couture,
Automne-Hiver 1966/67
Photographie Claude Sauer

Croquis d'Yves Saint Laurent
Robes « Mondrian » et « Pop Art »

Robe « Mondrian » en jersey de laine blanc, noir,
rouge, bleu et jaune
Collection Haute Couture,
Automne-Hiver 1965/66
Photographie David Bailey, courtesy *Vogue* Paris

à observer »[1] – n'est pas l'alibi d'une mode nostalgique et théâtrale qui céderait à la tentation du déguisement. Lucide, il aura assumé avec beaucoup de distance et d'imagination le rôle très singulier que l'époque et les circonstances lui auront inspiré : être le dernier couturier.

Héritier d'une certaine idée de l'élégance moderne imposée par Schiaparelli, Balenciaga, Chanel et Dior, il n'ignore pas que l'époque des « révolutions » qui ont accompagné l'émancipation de la femme dans les années 1920 a cédé la place au jeu plus subtil des variations et des interprétations plus ou moins inspirées sur une forme ou sur un thème. En 1931, la journaliste Janet Flanner analysait déjà le style de Chanel comme une série de déplacements significatifs des marques de classe et d'identification sexuelle : « Elle a lancé le genre pauvre. Elle a fait rentrer au Ritz le tricot de l'Apache, a rendu élégantes les manchettes de la femme de chambre, emprunté le foulard du journalier et habillé les reines avec le bleu du mécanicien ».[2] En fait, Chanel aura « simplifié » la mode (et se flattera d'avoir simplifié la vie des femmes) en proposant un modèle (le célèbre « petit tailleur » et sa blouse) aisément déclinable en toute occasion et un style baroque assagi qui ne retient de l'orientalisme fantasque qui avait dominé le début du siècle que les tissus luxueux et les faux bijoux spectaculaires qui deviendront la marque plus ou moins heureuse du style « couture ».

Saint Laurent a imposé un esprit autant qu'un style, alliant rigueur, audace et fantaisie. Discrète ou provocante, toujours sophistiquée, souvent sensuelle et voluptueuse, sa mode, ennemie de l'uniforme autant que de l'excentricité, oppose une alternative heureuse à tous les conformismes et à une certaine anorexie des sens qui ont traversé les années 1970. Les blousons de cuir cloutés d'or du début des années 60 étaient un clin d'œil à l'esprit du temps autant qu'une provocation invitant le vêtement de la rue sous les lambris des salons de la haute couture ; les robes « Mondrian », « Pop » et « Op Art » de 1965-1966 seront le commentaire savant et amusé d'un jeune homme doué au triomphe de la minijupe, de l'Amérique et de la géométrie.

Mais quand la folle effervescence des sixties se fige dans le gadget et le gag systématiques, quand ses confrères, inquiets du carnaval permanent qui règne désormais dans la rue, improvisent un style « jeune » et décontracté qui hésite entre la collégienne attardée, le retour de Katmandou et les Barbarella futuristes, Saint Laurent impose une mode construite et faussement austère, des lignes pures, du noir, du marine et du blanc. Cabans, blazers, smokings, tailleurs et sweaters du jour et du soir déclinés dans des matières et des couleurs souvent inattendues dessinent une silhouette élégante et sans contrainte qui autorise des contrastes nouveaux et subtils : masculin/féminin, jour/soir, sport/ville, vêtu/dévêtu. La célèbre saharienne de 1968, version ville et femme chasseresse de la traditionnelle tenue pour « pays chauds », fera la couverture des magazines et restera sans doute, avec le smoking, l'une des images les plus diffusées de la femme Saint Laurent de ces années riches en événements.

La création de la ligne de prêt-à-porter et des premières boutiques « Rive gauche » en 1966 viendra aussi confirmer Saint Laurent dans son rôle désormais incontesté de couturier des années 70. Loin de n'offrir en effet qu'une version esthétiquement et économiquement plus accessible des modèles des collections de haute couture, « Rive gauche », le prêt-à-porter, accentue le plus souvent certains traits d'un style qui joue avec de plus en plus de liberté sur l'interprétation et le déplacement des éléments de base du vêtement féminin et la transgression des marques traditionnelles du luxe et de la féminité. Certains modèles « Rive gauche » exacerbent les contrastes de couleurs et de matières, osent les transparences du voile et de la dentelle ou marquent le retour durable des impressions fauves.

1

Entretien avec G.-Y. Driansky in *Yves Saint Laurent et le Théâtre,* Ed. Herscher, 1982.

2

Janet Flanner in *La Regola estrosa,* Florence, Pitti Imagine et Centro de la Moda, cité dans *El Pais,* 21.8.93.

Dans les années 1970, Saint Laurent est sans doute le premier – et le dernier – à associer sans ironie luxe, jeunesse, élégance et audace avenue Montaigne comme à Saint-Germain-des-Prés. Les années 80 marquent, avec le succès des stylistes (Jean-Paul Gaultier, Azzedine Alaïa, Roméo Gigli), le triomphe d'une mode tour à tour provocante, maniériste ou néo-folklorique, voire caricaturale et exhibitionniste. Chez les couturiers, Karl Lagerfeld ironise Chanel avec une fantaisie parfois féroce et Christian Lacroix sublime les figures folkloriques de l'Arlésienne et de Carmen en néo-espagnolade théâtrale. Comme si le crépuscule de la haute couture s'annonçait sur deux modes opposés et complémentaires : la déconstruction acide et la féerie baroque, la dérision et la nostalgie. La vraie surprise viendra de l'Est, où « l'Orient désorienté » invente une mode nomade pour fin de siècle. Les vêtements d'Issey Miyaké gardent la mémoire des corps, des gestes, des matières métisses d'Afrique et d'Asie ; houppelande des steppes, sarong, sari, boubou et kimono inspirent des formes simples qui actualisent dans des silhouettes inédites et pleines de poésie des mouvements, des textures et des couleurs venus des quatre coins du monde. A l'opposé, Yohji Yamamoto impose à la planète entière une mode dramatique, le presque uniforme sombre, triste et impeccable du passant des villes post-atomiques. On assiste chez ces deux créateurs à un véritable retournement de l'exotisme qui transpose et épure jusqu'à l'universel l'architecture et certains détails du costume traditionnel.

C'est sans doute en regard de ces concepts qui inaugurent un rapport radicalement différent à la tradition et d'attitudes qui n'appartiennent plus au monde de la couture que l'absolu classicisme et l'originalité de Saint Laurent apparaissent avec le plus d'évidence, comme s'il avait, sans nostalgie mais avec autant de lucidité que de fantaisie, anticipé la fin d'un monde et les nécessaires transformations d'un métier à réinventer. Sa culture et ses goûts personnels, alliés à une profonde intelligence des formes et du rôle de la haute couture à son âge d'or, des années folles aux années 1950, l'invitent à une promenade sans fin dans les formes, les pays et les époques qu'il affectionne. Une promenade à la française, comme on dirait d'un jardin, qui respecte les perspectives tout en ménageant les surprises, et équilibre avec recherche le « sauvage » et le « peigné », selon la belle expression de Montaigne.

A la fin des années 70, Saint Laurent multiplie les collections à thème qui évoquent plus ou moins directement un pays, un décor ou un monde de fantaisie : les multiples hommages à la peinture ancienne et moderne (Vélasquez, Matisse, Picasso, Braque, Van Gogh), à l'opéra, au théâtre, à la poésie, au cinéma ou au music hall suscitent des rencontres et des images insolites ; des vers d'Apollinaire, Aragon ou Cocteau courent sur des vestes, les *Iris* et les *Tournesols* de Van Gogh se font habits de lumière, le charme rose et noir de Lola de Valence côtoie les silhouettes plus sombres et fatales de *Senso* et *Morocco*. A la fascination dramatique et somptueuse de l'Orient des Ballets Russes (1976) succède l'insolence sensuelle de l'Espagne de Carmen et des matadors (1977) ou la féerie de l'Inde des Maharajah (1982). Mais toujours le mariage audacieux des couleurs et des matières les plus inattendues « dépayse » les formes les plus classiques, tel le célèbre duffle-coat du soir en gazar fumé ou les ors et lamés du jour. Le « charme inattendu d'un bijou rose et noir » vient enchanter presque tous les défilés, autant que les juxtapositions violet/rouge et fuchsia/rouge ou les gammes acides et fastueuses de bleus, verts et jaunes qui appartiennent à l'Orient autant qu'aux couleurs précieuses de la peinture maniériste.

Dans une époque qui offre la connaissance et l'accès simultané à toutes les images et toutes les traditions du monde, Saint Laurent ignore documents et inventaires pour convoquer indifféremment impressions, réminiscences et souvenirs avec une liberté que n'arrêtent ni l'étrange ni le bizarre ; ainsi l'alliance éblouissante de la volupté et d'un érotisme sombre dans la robe de mariée violet profond de 1981, sortie tout droit d'un décor de Visconti, ou certain pyjama de soie damassée à gros motifs rose et noir de 1985, évoquant l'Orient spectaculaire et décadent de *Shangaï Gesture* – deux modèles qu'exaltait l'élégance espiègle et métisse de Mounia, le mannequin fétiche de ces années.

Déjà, au milieu du siècle dernier, Gérard de Nerval écrivait dans une lettre à Théophile Gautier : « Bientôt je ne vais plus savoir où réfugier mes rêves ».[3] Notre siècle a vu le triomphe du cosmopolitisme, le rétrécissement du monde et la fin de l'exotisme. Le tourisme, plus ou moins lointain, a eu raison du voyageur, du promeneur et du flâneur, ces figures emblématiques d'un autre temps où s'épanouissait « le plus européen de tous les biens, cette ironie plus ou moins nette avec laquelle la vie d'un individu prétend se dérouler sur un autre plan que l'existence de la communauté, quelle qu'elle soit, dans laquelle elle se trouve jetée [...] ».[4] Même si, pour quelques aventuriers et quelques poètes, l'aventure est encore parfois au coin de la rue ; même si, comme l'avait prédit Victor Segalen, « la promiscuité sera rachetée par le petit nombre qui saura encore sentir ».[5] Etranger aux provocations et au cynisme fin de siècle, l'exotisme très personnel de Saint Laurent est une invitation au voyage intérieur, une leçon de style(s) qui conserve les plaisirs intemporels et toujours renouvelés des sens et du rêve ; une attitude, une liberté, une collection d'images et de sensations qui sauvent, en ces temps troublés, un peu de luxe et de volupté.

Catherine David
Conservateur de la Galerie nationale
du Jeu de Paume

3

« Moi, j'ai déjà perdu, royaume à royaume, et province à province, la plus belle moitié de l'univers, et bientôt je ne vais plus savoir où réfugier mes rêves » (août 1843), in *Les plus belles lettres de Théophile Gautier*, Calmann Lévy, 1962.

4

Walter Benjamin, Sens Unique, Denoël, *Les lettres nouvelles*, 1972.

5

V. Segalen, *Essai sur l'Exotisme. Une Esthétique du divers*, Ed. Fata Morgana, 1978.

Collection
Haute Couture
Printemps-Eté 1988

Veste « Van Gogh »
brodée de *Tournesols*
Jupe en crêpe vert
Veste « Van Gogh »
brodée d'*Iris*
Jupe en crêpe violet
Broderies : Lesage
Photographie
Claus Ohm

Collection
Haute Couture
Printemps-Eté 1988

Croquis
d'Yves Saint Laurent

Les bijoux de couture Yves Saint Laurent : art, luxe et beauté

LE JEU DE L'ILLUSION

Dans les bijoux, la frontière entre le vrai et le faux, l'authentique et la réplique n'est pas toujours aisée à discerner. D'ailleurs, les femmes sont les premières à brouiller les pistes. Sous l'Empire, la princesse Augusta de Bavière, séduite par la forme d'un diadème qu'elle avait vu porté au théâtre par la tragédienne Mademoiselle George, demanda pour son mariage un bijou identique qui fut commandé par Eugène de Beauharnais au joaillier Nitot.[1] Autre exemple : vers 1900, la célèbre actrice du Théâtre Français, Julia Bartet, portait un diadème de Lalique pour jouer Bérénice, et mélangeait à ses bijoux de scène une plaque de corsage Louis XV ou un collier provenant des fouilles d'Abydos.[2] Ainsi, quelles que soient les circonstances, les femmes, princesses ou actrices, sans souci de mélanger les genres, désirent avant tout harmoniser les bijoux à leur toilette pour mieux surprendre. Cependant, dès 1900, les élégantes savaient déjà embellir un chapeau, un turban ou une robe, d'épingles, de tours de cou, de barrettes. Le strass, la pâte de verre ou l'acier permettaient de réaliser de ravissants bijoux, mais ils n'avaient pas l'allure provocante de ceux que Chanel imposa dans la mode vers les années vingt.

Formés dans les ateliers de joaillerie ou créateurs aventureux, les artisans de talent sont nombreux aujourd'hui à réaliser des pièces rares ou uniques que chaque couturier marque de son style. Dans cet univers particulier des bijoux, Yves Saint Laurent occupe une place exceptionnelle.

Jeune couturier déjà, il affirme son goût pour les bijoux, complément qu'il juge indispensable. « Les accessoires, c'est l'autre façon de s'habiller Saint Laurent », affirme Loulou de la Falaise, inspiratrice et créatrice auprès du couturier. Broderies-bijoux, bijoux-bijoux, empruntés à l'histoire, à la tradition ou à la nature, accompagnent chaque collection d'un chatoyant poème visuel.

Cependant, l'harmonie ne signifie pas obligatoirement un accord obligé entre le style de la robe et le bijou. La fantaisie est toujours présente dans le choix ultime du couturier au moment du défilé. Ce non-conformisme ouvre une voie de réflexion sur la réalité de ces bijoux conçus, réalisés, associés, suivant des critères qu'il est intéressant de rechercher et d'analyser. Les bijoux choisis pour cette exposition offrent un large terrain d'étude, mais d'autres formes, d'autres thèmes, d'autres matières, ne doivent pas rester dans l'ombre.

HOMMAGE À L'HISTOIRE

La création s'inspire d'emprunts que le couturier transcende. Pour Yves Saint Laurent, les références culturelles sont constantes ; images rencontrées dans un livre, peintures, œuvres d'art, observation attentive des lieux et des gens, tout est source d'inspiration. Pour le couturier, une grappe de bougainvillée cueillie dans son jardin de Marrakech, ou un tableau de Picasso sont prétextes à décliner robes, broderies ou bijoux. Cependant, d'autres sources historiques sont également perceptibles. Conservé au Palais du Tau à Reims, le Talisman de Charlemagne est sans doute à l'origine de ce bijou de la collection de 1976, inspirée par les Ballets Russes. Du pendentif original en forme d'ampoule aplatie, constitué de deux gros saphirs accolés enserrant un morceau de

Talisman de Charlemagne
Palais du Tau, Reims

Page ci-contre :
Bijoux d'Yves Saint Laurent, 1991
Photographie Claus Ohm

1

Mémoires de Mademoiselle d'Avrillon, Mercure de France, 1957, p. 141.

2

Ces bijoux sont conservés au musée Carnavalet, à Paris, et le diadème de Lalique au musée Lambinet, à Versailles.

Atelier de Dumoustier
Portrait présumé de Marie de Médicis

Cœur brodé « Think of me »

la Vraie Croix et entouré de grenats, d'émeraudes et de perles baroques, le bijou de couture, simplifié, a gardé l'aspect et la disposition des pierres. Les croix, relativement peu nombreuses, sont
parfois sur un plan carré. Certaines rappellent les croix à pendeloques du XVIe siècle, serties
d'émeraudes taillées ou de cristal de roche. Parmi les broches, nous remarquons un motif héraldique dont les rayons sont terminés par de petites étoiles, ainsi qu'un motif religieux de mons-
trance ou d'ostensoir à décor rayonnant. Autre référence à des bijoux anciens que l'on peut admirer dans les musées, une gracieuse attache, constituée d'entrelacs et de perles ainsi que ces pendants
d'oreilles faits de trois gouttes dont le couturier a sans doute vu la représentation sur un dessin de
Gilles Legaré, célèbre ornemaniste du XVIIe siècle. Sous Louis XV, ces motifs de nœud et de giran-
doles furent à la mode dans toutes les cours européennes.[3] La colombe, la coquille, le cœur sont
également des formes que l'on rencontre dans l'art et l'histoire et qui sont souvent ré-interprétées
dans les bijoux d'Yves Saint Laurent.

Les coquillages du fond des mers, ceux ramassés sur la plage se mêlent aux coraux dans des colliers, des croix ou des broches, pour un voyage en Méditerranée. Mais d'autres images du passé se
superposent à ces représentations maritimes : c'est la coquille cousue sur le chapeau du pèlerin se
rendant à Saint-Jacques de Compostelle, ce sont les grottes tapissées de coquillages de la Renais-
sance, ou encore *Vénus sortant de l'onde* de Botticelli... La colombe, stylisée en métal doré pour
devenir bijou d'épaule, collier ou boucles d'oreilles, fut d'abord l'emblème de Vénus déesse de
l'amour. Ce fut aussi l'oiseau de l'espoir envoyé par Noé après quarante jours de déluge et qui
revint à l'Arche tenant un rameau dans son bec. Pour les chrétiens, la colombe symbolise l'Esprit
Saint et la Parole divine. Cette colombe aux ailes déployées qui descend sur la Terre en tenant un
rameau fleuri a été retenue par les orfèvres normands au XVIIIe siècle pour réaliser de beaux pendentifs en strass, les « Saint Esprit ». Quant au cœur, il est pour Yves Saint Laurent, le bijou le plus
cher et le plus proche. On n'est donc pas surpris de découvrir un cœur différent dans chaque
collection : cœur enflammé à la manière d'un ex-voto, cœur de cristal transpercé d'une flèche,
cœur en métal gravé, en strass, en bois, en terre cuite... Tout au long de l'histoire, le cœur est soit
un insigne, soit un bijou qui traduit la foi, l'attachement et l'amour. Sous la Révolution, les Ven-
déens cousaient un Sacré Cœur sous leur manteau comme signe de ralliement à Dieu et au Roi.
Sous Louis XVI, les bagues de sentiment s'ornaient d'un carquois, de flèches et d'un cœur. Plus
charmant encore, sur le chaton d'autres bagues du XIXe siècle, on pouvait déchiffrer le rébus
« Mon ❤ est à L ». Et comment ne pas associer au bijou ce cœur de velours dont les devises amou-
reuses étaient entourées de perles cousues, que les officiers anglais offraient à leur fiancée au
moment de les quitter ?

SYMBOLES OUBLIÉS

De tout temps, semble-t-il, les éléments naturels, minéraux, végétaux ou animaux ont été recher-
chés pour leur vertu bénéfique. Sous l'Empire, par exemple, la reine Hortense, belle-fille de
Napoléon Ier, s'était fait une renommée en donnant à ses amis, quand ils partaient en campagne,
des cachets en pierre dure gravée pour les préserver du péril. « Je me figurais qu'un cachet donné par moi pourrait servir de talisman ».[4] Ces éléments, auxquels Yves Saint Laurent paraît très
attaché, se retrouvent dans de nombreux bijoux associés au bois, au strass ou au verre coloré.

Le cristal de roche est transparent et lumineux. Il prend sur les bijoux la forme de larges cristaux
taillés, de gouttes ou de disques polis. Pierre de lumière, le cristal de roche, qui est un quartz

3

Des bijoux de ce style se trouvent au musée
des Arts décoratifs, à Lisbonne, et au Victoria
and Albert Museum, à Londres.

4

Mémoires de la reine Hortense, publiés par le prince
Napoléon, Plon, 1927, tome II, p. 22.

transparent, symbolise la pureté. La religion catholique le compare à la pureté de la Vierge. « Marie est un cristal, son Fils, lumière céleste ».[5] Le jade, si parfaitement lisse, est une matière noble par excellence. Sa dureté, son éclat, sa douceur au toucher l'ont chargé d'un riche contenu symbolique, en Chine en particulier, où le jade est l'attribut du souverain. Les Européens le connaissent depuis longtemps pour ses vertus curatives et le considèrent comme un porte-bonheur. Les pierres de jade sont présentes, comme l'on peut s'en douter, dans les colliers de la collection chinoise d'Yves Saint Laurent, créée en 1977.

Ce langage des pierres, bien souvent oublié, garde cependant chez les plus superstitieux une résonance parfois négative, comme pour l'opale dont la fragilité au choc est de mauvais augure. L'aventurine, l'agate aux reflets pailletés sont en revanche synonymes de protection ; la sodalithe, et surtout le lapis-lazuli aux tonalités bleues, apportent le calme et raniment l'espoir... La turquoise paraît moins fréquente sur les bijoux d'Yves Saint Laurent, alors que le jaspe et la malachite sont souvent réunis pour former des colliers et des plastrons offrant au regard le plaisir des couleurs et celui de la chance. « La variété des couleurs, c'est l'une des grandes forces d'Yves Saint Laurent », mentionne Loulou de la Falaise. Ce parallélisme entre les pierres et les couleurs existe dans un charmant bracelet ayant appartenu à Laetitia Bonaparte, mère de Napoléon Ier. Chacune des huit pierres dont est constitué ce bracelet porte un nom, dont la première lettre recompose le prénom « Laetitia ». Autre pierre colorée porteuse d'un message, l'améthyste était à l'origine un cristal pur teinté de vin par Dyonisos. Paradoxalement, elle protège de l'ivresse. La porter est un gage de tempérance. C'est aussi une pierre sacerdotale. Mais a-t-on besoin de toutes ces références pour apprécier un audacieux collier fait d'une grosse améthyste taillée côtoyant des strass étoilés ? En revanche, l'ambre et le corail sont deux matières dont les vertus n'ont pas été totalement oubliées. L'ambre, dont la couleur varie du jaune au brun-jaune, était comparée dans l'Antiquité à la chevelure de Bérénice, constellation boréale. Cette résine végétale fossilisée, travaillée en blocs ou en perles polies, est suffisamment noble pour être distinguée des autres pierres. Les colliers d'ambre lourds et fastueux sont appréciés par une clientèle qui a sans doute oublié la relation de ces perles avec les petits colliers mis au cou des bébés il y a une trentaine d'années encore, pour protéger leur peau, favoriser la dentition, et prévenir les convulsions. En Bretagne, au siècle dernier, les grains d'ambre portés sur soi prémunissaient contre les morsures de serpent et les démons.[6] Les très beaux bijoux de corail rouge ou rose constitués de rameaux entiers ou de perles tubulaires, ne sont plus aujourd'hui reconnus pour leurs fonctions prophylactiques qui étaient souvent analogues à celles de l'ambre. Les croyances autour du corail sont venues d'Italie et des côtes méditerranéennes où il était pêché en abondance. Dans la société traditionnelle, en Provence, entre autres, la protection du petit enfant était assurée par le port d'un collier de corail. Et ce n'est pas un hasard si beaucoup de hochets étaient également pourvus d'un manche de corail. Par ailleurs, la couleur rouge associée à celle du sang passait, dès le Moyen Age, pour arrêter les hémorragies. Aussi le corail était-il considéré par les femmes comme bijou de « santé ». Pourtant, c'est plutôt l'origine maritime de ce minéral qui a été retenue pour la création des tours de cou, des bracelets, des pendants d'oreilles.

Un regard posé sur la collection de 1992 révèle l'intérêt d'Yves Saint Laurent pour d'autres bijoux fétiches, rattachés également à la tradition des superstitions, comme ces broches en forme de scarabée, très en faveur vers 1900, avec lesquels Sarah Bernhardt fit réaliser une somptueuse parure. Cet insecte sacré, emblème de la résurrection dans l'Ancienne Égypte, fut oublié pendant des

Piero della Francesca : Madone de Senigallia
Galleria Nazionale della Marche, Urbino

Dictionnaire des Symboles, J. Chevalier et A. Gheerbrant, Paris, 1982.

6

Traditions et superstitions de la Haute Bretagne, Paul Sébillot, Paris, réédition 1982.

Photographie
François Halard, 1990

Photographie
François Halard, 1990

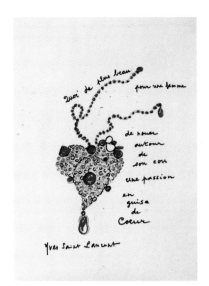

Croquis d'Yves Saint Laurent

Collier de corail et cristal de roche
Collection Haute Couture, Printemps-Eté 1993
Photographie Claus Ohm

Page ci-contre :
Photographie Bruno Jaret, 1990

7
_____

Les porte-bonheur, Marie-Odile Andrade,
Ed. Bonneton, 1987, p. 48.

8
_____

La mode illustrée, journal de la famille,
4 décembre 1900.

9
_____

Laurence Benaïm, in *Vogue*, novembre 1990.

siècles et remis à l'honneur en France après la campagne d'Égypte, sous le Directoire.[7] La coccinelle qui se pose sur la main, que l'on ne tue jamais, et que les petites filles regardent s'envoler en faisant un vœu est aussi un bijou porte-chance qui est proposé en barrette, ou en boucles d'oreilles émaillées de noir, tachetées de strass. Le trèfle à quatre feuilles traité en bois, en cristal ou en métal, n'est pas oublié. Il constitue, avec le scarabée et la coccinelle, quelques-unes de ces petites amulettes dont la société parisienne était très entichée au début du siècle ; « superstitions de civilisés » dont les journaux de l'époque encourageaient l'achat sous forme de breloques ou d'épingles de cravate.[8] Enfin, comment ne pas évoquer ici l'objet fétiche d'Yves Saint Laurent, cet énorme cœur incrusté de « diamants » et de « rubis », retenu par un collier de strass rouge et qui ne quitte plus le couturier ? La haute couture, comme on le voit, préserve la magie des objets.

L'ART D'OSER

Depuis cette déclaration d'humeur faite par Yves Saint Laurent en 1968 : « Je déteste les bourgeoises, elles sont toujours bien coiffées, elles ont toujours une broche quelque part »,[9] les temps ont changé et le couturier n'est sans doute pas étranger à cette transformation. La plupart des femmes, bourgeoises ou non, ont échangé le bijou unique contre une accumulation de chaînes, de bagues et de bracelets. On est d'ailleurs surpris de lire en 1929, dans une revue intitulée *L'organisation ménagère*, que « des femmes très riches n'hésitent pas à porter elles aussi des parures de peu de valeur, mais qui ont du chic et peuvent se renouveler comme les gants et les sacs à main ». Bijoux fantaisie et accessoires sont les subtils contrepoints de la robe, ceux auxquels Saint Laurent porte une attention toute particulière. Il est vrai que depuis trente ans, paruriers, bijoutiers, artistes, mettent tout leur talent à traduire une idée, à magnifier un concept apporté par Yves Saint Laurent, à dégager un style, qu'ils se nomment Scémama, Goossens, Berro, Péral, Van der Straten ou Lalanne... Les bijoux choisis pour illustrer les exotismes dans la mode offrent les exemples de cette alliance entre l'invention, la sensibilité et la parfaite réalisation technique. Cette rencontre se matérialise de diverses manières, tantôt par la hardiesse des juxtapositions et des couleurs, tantôt par une certaine fidélité aux formes traditionnelles, ou encore par un travail technique inattendu.

« **N**ous aimons casser les conventions », dit Loulou de la Falaise, « proposer des colliers de corail en hiver, mélanger les matériaux humbles et précieux, séparer les éléments d'une parure ». Surprendre est aussi un objectif. Les hardiesses sont cependant plus ou moins perceptibles – on est peu accoutumé à la vision des coquillages bleu outremer ou dorés, à des coraux noirs et orangé. Pourtant, l'association des couleurs et des matières dans un collier ou une croix, loin de choquer, donne une impression de légèreté, ou, au contraire, de densité. L'audace, c'est aussi le faste de ces rangs de perles ou de lapis qui se rencontrent pour former de larges plastrons à la manière des gorgerins de l'Ancienne Égypte ou du Turkestan ; c'est encore, plus simplement, la pureté d'une améthyste brute ou d'un rameau de corail emprisonné à l'extrémité d'une chaîne de métal. Étrange, plutôt que hardie, est la façon de faire intervenir le miroir dans le bijou. Ce n'est pas en premier lieu le rôle magique du miroir qui intéresse Yves Saint Laurent, mais plutôt les effets qu'il peut tirer du reflet et de l'illusion. La démonstration est donnée par une broche entourée de corail et par plusieurs pendentifs faits de gros cabochons de quartz et de verre taillé qui imitent des miroirs baroques bordés de cadres dorés. De grands miroirs décorent d'ailleurs la boutique d'accessoires « Yves Saint Laurent », et ce sont... des scarabées qui cachent les attaches murales. Est-ce pur hasard ?

A côté des sources historiques auxquelles il a déjà été fait allusion, d'autres influences se révèlent, plus subtiles, dans l'interprétation qu'Yves Saint Laurent donne à travers des bijoux asiatiques, russes ou africains. Fidélité à la tradition dans cette fibule berbère, dont le décor gravé a été remplacé par des incrustations de pierres de couleur, dans ces pendants d'oreilles moghols où la nacre tient lieu de diamant, ou dans les bracelets africains faits de résine aux allures d'ébène et de bois précieux. Dans des aigrettes en fleur d'émail bleu, nous reconnaissons les épingles à cheveux des impératrices chinoises...

Les bijoux des collections russe et chinoise ont un style très particulier. Pas de matières transparentes, mais des motifs laqués, du jade, de l'émail, des disques de métal qui s'accordent aux sautoirs et aux tours de cou en fil torsadé, terminés par des glands soyeux. Chez Yves Saint Laurent, la passementerie entre peu dans la confection des bijoux, sinon pour illustrer le raffinement de l'Orient (fils de soie) et le naturel de l'Afrique (galons de coton).

A l'exception des rares bracelets entourant l'épaule créés pour accompagner la collection Printemps-Eté 1988, les bijoux appartiennent à la typologie classique : colliers, broches, boucles d'oreilles... Les bagues sont un peu plus rares, en raison, peut-être, du goût dominant pour l'exubérant, qui s'accommode mal de la largeur du doigt. En revanche, par sa permanence dans toutes les collections, et par son aspect polymorphe, le bracelet représente à lui seul la synthèse des approches que nous avons tenté d'établir sur les plans historique et esthétique. Cette manchette qui gaine le poignet et dont la forme remonte à l'Égypte et à la Perse, se présente sous les aspects les plus variés. L'ébène, le thuya, le citronnier, et tous les bois des îles, donnent naissance à de larges anneaux lisses ou incrustés d'hématites, de cristal, de pierres colorées. C'est à partir de bois bicolore, sculpté de fleurs, qu'Yves Saint Laurent crée un étonnant bracelet « à la rose » (1989).

Du métal moulé et découpé, naissent des bracelets en forme de branche d'arbre, de couronne, de feuillage, d'oiseaux... Métal parfois recouvert de velours et de filigrane dans ces manchettes portées par paire, comme des broderies, avec les vestes de la collection russe de 1976. Ailleurs encore, le métal torturé se déroule en torsions ou se ramasse en treillis transparent. Dans cette matière brute, s'insèrent des pierres grossièrement taillées. A l'opposé, nous trouvons, toujours dans l'idée de bousculer les conventions, un jonc d'or qui retient une libellule porteuse d'un large bloc de quartz rose tandis que l'on s'amuse à reconnaître sur un dernier bracelet manchette, un décor fait d'une succession de boucles de chaussures 1930, imbriquées les unes dans les autres.

Les exemples qui viennent d'être développés montrent comment un artiste tel qu'Yves Saint Laurent, à partir de sources multiples, a pu transcender ses modèles pour parvenir à des créations originales. Ces bijoux sont essentiellement destinés à mettre en valeur le vêtement et la beauté de la femme. Il serait réducteur de ne s'arrêter qu'à leur seul caractère esthétique ou inféodé à la mode. Nous avons essayé de démontrer que les bijoux sont porteurs d'histoires, qui non seulement nous font remonter dans les croyances et dans les formes du passé, mais parlent à la sensibilité de chacun. Peut-être est-ce dans cet esprit qu'Yves Saint Laurent a conçu ses bijoux. C'est sous ce jour qu'il convient de les considérer, chargés de valeurs culturelles et affectives. Plus qu'une luxueuse fantaisie, ces bijoux de haute couture sont souvent des pièces uniques qui pourraient bien devenir, à leur tour, des modèles et des références.

Claudette Joannis
Conservateur en chef du Patrimoine,
Attaché à la Bibliothèque nationale

Page ci-contre :
Photographie Bruno Jaret, 1991

Histoire de la maison de couture

1958. Yves Saint Laurent, qui a succédé à Christian Dior à la tête de la célèbre maison parisienne, remporte un immense succès avec sa collection baptisée « Trapèze ». Il fait alors la connaissance de Pierre Bergé, jeune homme passionné d'art et de littérature, et se lie d'amitié avec lui. Mais, bientôt, l'expression du talent du jeune couturier doit s'interrompre. La France se bat en Algérie, Yves Saint Laurent doit se plier aux règles de la conscription. Sa sensibilité créative se refuse cependant à accepter la perspective du port de l'uniforme et la violence des combats. Dépressif, il est admis au Val-de-Grâce. Son ami, Pierre Bergé, lui apporte une triste nouvelle. La maison Dior a nommé en lieu et place d'Yves Saint Laurent, dénonçant son contrat avant terme, un autre créateur, Marc Bohan. Pierre Bergé et Yves Saint Laurent décident de fonder une maison de couture et s'installent au 66, rue La Boétie. Les fonds investis se révèlent cependant insuffisants, il manque un financement complémentaire.

Par l'intermédiaire de Suzanne Luling, directrice des salons chez Dior depuis les débuts de la maison, et de Philippe Caron, Pierre Bergé rencontre un homme d'affaires américain d'Atlanta qui cherche à investir dans une affaire française. J. Mack Robinson apporte 80 % du capital de la maison nouvellement créée. Il y ajoute sa caution auprès de la First National City Bank de New York afin de faciliter l'obtention d'un découvert. Le 14 novembre 1961, les deux hommes signent la naissance d'Yves Saint Laurent S.A., société au capital de cent mille francs. En échange de sa participation, J.M. Robinson reçoit la propriété de tous les produits Yves Saint Laurent hors la France. Moins d'un mois plus tard, le 4 décembre, a lieu l'ouverture officielle de la maison Yves Saint Laurent. Le 29 janvier 1962, les salons de la rue Spontini sont combles, certaines rédactrices de mode sont debout, les modèles défilent, salués par des salves d'applaudissements. Yves Saint Laurent salue brièvement, puis disparaît aussitôt. La première collection est un immense succès. Et, le plus important, les acheteurs américains sont là. Ils achètent, pour les départements couture des grands magasins de New York ou Chicago, des modèles qu'ils font reproduire aux mesures de leurs clientes. Ils achètent beaucoup, et, en vertu des règles en usage dans la profession, ils achètent plus cher que les clientes particulières. Leur présence constitue un présage favorable pour l'avenir de la maison. Le grand cycle des collections se met en route. A l'instar des autres couturiers qui, comme lui, ont été formés au sérail de la haute couture, faisant leurs premières armes chez leurs aînés – ainsi Dior a-t-il débuté chez Lucien Lelong –, Yves Saint Laurent était déjà reconnu pour ses talents de modéliste et possédait une clientèle potentielle avant même d'ouvrir sa maison. Les clientes affluent donc pour saluer et commander les modèles du jeune prodige. Forte de ce revenu, la maison fraîchement établie doit supporter les charges d'une maison de haute couture traditionnelle : salons modernes, mannequins attachés à la maison toute l'année, ateliers de production. Or ces charges, et les dépenses nécessaires au développement, grèvent lourdement le budget de la jeune maison Yves Saint Laurent. Il faudra des années d'efforts pour obtenir un bilan équilibré.

Rapidement, en 1964, Yves Saint Laurent lance « Y », son premier parfum féminin. Les parfums et la couture deviennent, l'année suivante, la propriété du groupe cosmétique américain Charles

Pierre Bergé
Photographie François Halard

J. Mack Robinson

Le 30 bis rue Spontini

Page ci-contre :
L'hôtel particulier de l'avenue Marceau
Photographie Sacha

Rue Spontini

Collection Haute Couture,
Printemps-Eté 1962

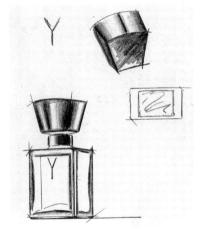

« Y », le premier parfum féminin

of the Ritz. Charles of the Ritz prend alors en charge la gestion des parfums. Le développement de la maison de couture nécessite des investissements lourds mais indispensables.

Au cœur de ces investissements prend place le lancement d'Yves Saint Laurent Rive Gauche, en 1966. Yves Saint Laurent Rive Gauche, le prêt-à-porter d'Yves Saint Laurent, à la différence des prêts-à-porter classiques qui étaient jusqu'alors des succédanés de la haute couture, est véritablement un prêt-à-porter créatif. Yves Saint Laurent dessine une collection qui, si elle présente des points communs avec la couture, n'en demeure pas moins originale et exclusive. La tâche de Pierre Bergé consiste alors à trouver un partenaire qui puisse prendre en charge la production d'Yves Saint Laurent Rive Gauche. Il signe avec C. Mendès, une société qui assure la fabrication du prêt-à-porter de plusieurs maisons de couture (Patou, Carven, Grès, Madeleine de Rauch, Chanel...). Il s'agit de produire une collection destinée à la première boutique qu'Yves Saint Laurent ouvre rue de Tournon, sur la rive gauche. Qu'une boutique s'approvisionne auprès d'un fournisseur unique et que ce même fournisseur se satisfasse des commandes d'une seule boutique tient à l'époque de la gageure. Un déjeuner organisé boulevard Saint-Germain réunit Pierre Bergé, Yves Saint Laurent, Didier Grumbach et Richard Salomon, président de Charles of the Ritz et nouvellement propriétaire à 80 % d'Yves Saint Laurent S.A. Il est décidé de créer un réseau de boutiques franchisées dérivées de celle de la rue de Tournon : le propriétaire d'une boutique passe un accord avec Diffusion Rive Gauche (la société qui commercialise Yves Saint Laurent Rive Gauche) pour devenir le dépositaire de la griffe Yves Saint Laurent dans sa ville. Ainsi, la maison de couture dispose d'un point de vente sans avoir à investir dans l'achat d'une boutique. Le commerçant bénéficie, lui, de l'image du couturier et doit obligatoirement s'approvisionner chez C. Mendès. Cette société verse à Yves Saint Laurent S.A. des royalties (pourcentage) sur le chiffre d'affaires qu'elle réalise ainsi auprès des boutiques. Ce principe permet le développement rapide d'un réseau de vente. Et c'est le cas pour Yves Saint Laurent Rive Gauche dont le nombre de points de vente dans le monde grimpera rapidement à plus de cent. Afin d'entériner l'association entre Yves Saint Laurent et Mendès, il est décidé de faire entrer Mendès dans Diffusion Rive Gauche. Ainsi, Yves Saint Laurent S.A. et Mendès possèdent chacun 49 % de Diffusion Rive Gauche, Richard Salomon conservant une part de 2 % pour permettre l'arbitrage en cas de conflit. Précaution superflue, l'entente est telle que, bientôt, Mendès doit renoncer à ses anciens clients pour se consacrer totalement à Yves Saint Laurent Rive Gauche. Au début, André Lévi, chargé de développer le réseau de boutiques, a du mal à convaincre les détaillants. Certains refusent : « Mais vous êtes fou, lui dit-on, vous voulez que j'ouvre une boutique uniquement sous l'enseigne Yves Saint Laurent Rive Gauche et que je ne me fournisse que chez vous et vous exigez un emplacement de premier ordre, ce n'est pas viable. » D'autres acceptent, prennent le risque de financer une décoration luxueuse (commune à toutes les boutiques par souci de cohérence) et s'en trouvent largement récompensés. De célèbres magasins dont les propriétaires s'approvisionnaient jusqu'alors exclusivement en haute couture, comme Liétard à Bruxelles ou Faré à Milan, convaincus par le contenu créatif d'Yves Saint Laurent Rive Gauche, se mettent à vendre du prêt-à-porter. Aux Etats-Unis, les grands magasins se disputent pour distribuer le prêt-à-porter d'Yves Saint Laurent. Le succès permet à Yves Saint Laurent Rive Gauche de devenir le premier exportateur de prêt-à-porter féminin de luxe en 1970. Afin que l'aspect commercial pris en charge par Diffusion Rive Gauche et la production dont s'occupe Mendès soient gérés par une seule et même entité, Mendès rachètera en 1973 à Pierre Bergé les parts qu'il détient dans Diffusion Rive Gauche. Plus tard, Pierre Bergé rachètera Mendès, qu'il revendra dans un second temps à Léon Cligman, président d'Indréco, un puissant groupe textile, pour constituer une association (34 % Yves Saint Laurent, 66 % Indréco) qui aujourd'hui assure la gestion et la fabrication d'Yves Saint Laurent Rive Gauche et du prêt-à-porter de Diffusion Variation.

Charles of the Ritz poursuit, de son côté, le développement des parfums en lançant, en 1971, « Rive Gauche » et « Yves Saint Laurent pour Hommes » pour la publicité duquel Yves Saint Laurent pose nu. Pierre Bergé, dont l'objectif est, à terme, de recouvrer la totalité du capital d'Yves Saint Laurent, rachète à Charles of the Ritz, devenu une filiale du géant pharmaceutique américain Squibb, les parts d'Yves Saint Laurent S.A. Il devient, avec Yves Saint Laurent, propriétaire de la maison de couture qui exploite la marque dans le monde à l'exception de l'Amérique du Nord et de l'Australie pour tous les produits autres que parfums et cosmétiques. Il prend ainsi le contrôle de l'activité couture et prêt-à-porter. Pierre Bergé développe alors une politique de licences. Chaque licencié obtient un droit de reproduction et de distribution sous la marque Yves Saint Laurent d'un produit spécifique et doit suivre exactement les directives fournies par le studio chargé des licences. Le rôle de ce studio est d'élaborer les modèles destinés à être reproduits et de s'assurer de la capacité du licencié à se conformer au grade de qualité qu'exige le respect de l'image d'Yves Saint Laurent dans le monde. Le studio des licences établit et indique également avec précision au licencié les couleurs, dessins, logos devant être apposés sur les emballages, sacs et étiquettes. En contrepartie, Yves Saint Laurent perçoit une royaltie sur le chiffre d'affaires généré sous la marque par le licencié. Ce principe s'avère très rentable puisqu'en regard d'un investissement raisonnable, le donneur de licence bénéficie de revenus importants. Les licences Yves Saint Laurent, si elles existaient avant 1972, prennent leur véritable essor à partir de cette date. André Lévi, alors directeur des licences, doit rester extrêmement vigilant face à la pléthore de candidats qui désirent bénéficier de la notoriété d'Yves Saint Laurent. Mais la qualité prime, et si les candidats sont nombreux, les signatures de contrats sont rares.

En 1974, grâce à la gestion de Pierre Bergé, la maison s'approche de l'équilibre financier. Les locaux de la rue Spontini sont devenus exigus. Yves Saint Laurent déménage au numéro 5 de l'avenue Marceau, à l'angle de la rue Léonce-Reynaud, dans un hôtel particulier Napoléon III. Le développement se poursuit, autorisant le franchissement d'une étape importante en 1976, puisque, pour la première fois depuis son ouverture, la maison présente des comptes équilibrés pour un chiffre d'affaires de quarante-huit millions de francs. Dès l'année suivante, l'entreprise Yves Saint Laurent S.A. devient particulièrement rentable, dégageant un résultat après impôts de l'ordre de 10 % du chiffre d'affaires. Les défilés, dont l'assistance, témoignant de l'engouement de la presse et des acheteurs pour les créations d'Yves Saint Laurent, a encore augmenté, ne sont plus présentés avenue Marceau mais à l'Hôtel Intercontinental, rue de Castiglione. La publication d'un premier rapport annuel en 1982 permet de rendre publics les résultats financiers témoignant de la bonne gestion de l'entreprise dans un milieu qui, par tradition, se montre généralement d'une extrême discrétion. Parallèlement, Charles of the Ritz continue d'étoffer la branche parfum en lançant successivement « Opium » en 1977, « Kouros » (pour homme) en 1981, « Paris » en 1983. « Opium » et « Paris » constituent d'ailleurs des réussites exemplaires dans le secteur de la parfumerie. Charles of the Ritz choisit également, en accord avec Pierre Bergé et Yves Saint Laurent, de diversifier l'activité parfum en élaborant, en 1978, une ligne Yves Saint Laurent Beauté qui permet à Yves Saint Laurent de pénétrer le marché des cosmétiques.

La boutique Yves Saint Laurent Rive Gauche, rue de Tournon

Usines Mendès

Usines Mendès

Parfum « Yves Saint Laurent pour Hommes »

Richard Salomon

La boutique Yves Saint Laurent Rive Gauche,
New York
Photographie Norman Mac Grath

En 1986, Yves Saint Laurent S.A. réalise un chiffre d'affaires de deux cent soixante millions de francs avec un résultat net de soixante millions. Le nombre de licences accordées s'élève à près de deux cents contrats représentant un chiffre d'affaires au détail d'environ cinq milliards de francs sur lesquels la société touche ses royalties. Le prêt-à-porter Yves Saint Laurent Rive Gauche, toujours fabriqué par C. Mendès, est diffusé dans cent cinquante boutiques dans le monde entier, dont trois appartiennent en propre à la société. A la fin de l'année, Pierre Bergé s'apprête à engager la maison Yves Saint Laurent dans un nouveau tournant de son histoire. Il apprend que le groupe Squibb cherche à vendre sa filiale parfums et cosmétiques Charles of the Ritz. L'occasion est intéressante, car elle permettrait de réunir enfin couture et parfums au sein d'une même société. Cependant le prix de vente est élevé, près de quatre milliards de francs, et les candidats au rachat sont de puissants groupes cosmétiques internationaux tels que Shiseido et Avon. De plus, les fonds dont dispose la maison Yves Saint Laurent S.A. pour financer cet achat ne représentent que 4 % du montant demandé. Pierre Bergé décide donc de rechercher des partenaires auxquels s'associer pour réunir la somme nécessaire. Il approche d'abord les responsables d'Investcorp, une société financière américaine, mais les premiers contacts se révèlent peu convaincants. Son deuxième interlocuteur est Alain Minc, qui dirige Cerus, la holding de l'homme d'affaires italien Carlo De Benedetti en France. Les deux hommes s'entendent, mais l'accord personnel du magnat italien est indispensable. Pierre Bergé et Carlo De Benedetti se rencontrent à Milan. A l'issue de l'entretien, ils décident de faire entrer Cerus dans le capital d'Yves Saint Laurent S.A. à hauteur de 37 %. Grâce à cette augmentation de fonds propres, Yves Saint Laurent S.A., avec l'appui de la Banque Nationale de Paris, d'Indosuez et du Crédit Suisse, réunit les fonds nécessaires et prend le contrôle de Charles of the Ritz au mois de décembre 1986. Pierre Bergé se retrouve à la tête d'un groupe multinational réunissant Yves Saint Laurent Couture et Yves Saint Laurent Parfums et réalisant plus de deux milliards de francs de chiffre d'affaires annuel. Cependant, le gestionnaire de la maison de couture parisienne doit faire face à une dette de près de trois milliards de francs résultant des emprunts contractés pour le rachat de Charles of the Ritz. Dès 1987, Pierre Bergé, afin de réduire cette dette, revend les actifs de Charles of the Ritz autres que les marques Yves Saint Laurent et Gianni Versace à Revlon pour cent quarante millions de dollars. Les parfums Gianni Versace seront cédés en 1988 au couturier italien. Après le lancement réussi du parfum « Jazz » en 1988, premier lancement réalisé après la reprise des parfums, le groupe Yves Saint Laurent procède, en 1989, préalablement à son entrée en Bourse, à une augmentation de capital afin de réduire son endettement. Par ailleurs, la société Yves Saint Laurent, société holding du groupe, est transformée en société en commandite par actions, ce qui permet à Pierre Bergé et Yves Saint Laurent de conserver la maîtrise de la gestion tout en ne détenant pas la majorité du capital. Le 6 juillet 1989 sont introduites sur le second marché de la Bourse de Paris quatre cent vingt mille actions, soit un peu plus de 10 % du capital du groupe Yves Saint Laurent, au prix de huit cent cinquante-trois francs par action. L'arrivée d'Yves Saint Laurent sur le marché boursier connaît un véritable succès, puisque plus de cent trois millions d'actions sont demandées, soit deux cent soixante fois le nombre d'actions offertes au public.

En septembre de cette même année 1989, Yves Saint Laurent ouvre un centre de recherche et de développement à La Celle-Saint-Cloud. Les laboratoires qui étaient chargés de la mise au point des précédents parfums appartenaient à Charles of the Ritz et avaient été revendus à Revlon avec les actifs de Charles of the Ritz.

En 1991, un second centre de production est mis en service sur le site industriel des parfums Yves Saint Laurent à Lassigny (Oise). Ce centre doit assurer la production de la nouvelle ligne de soins, « Soin Précurseur de Beauté », dont le lancement, qui intervient au printemps 1992, associe Catherine Deneuve à l'image d'Yves Saint Laurent. D'autre part, la division Yves Saint Laurent Couture met fin à certains contrats de licence non conformes à l'image de la marque, se privant ainsi des royalties correspondantes. Dans le même esprit, certains réseaux de vente de parfums qui alimentaient le marché parallèle sont fermés par la division Parfums. Cette orientation stratégique qui vise à garantir l'avenir du groupe en termes de qualité et de pérennité de l'image conduit à une baisse sensible du chiffre d'affaires. Entre-temps, en mai 1991, à la demande de Carlo De Benedetti, Cerus revend toutes ses actions (environ 15 % du capital). Afin de maîtriser la composition du capital de la société, Pierre Bergé et Yves Saint Laurent s'en portent acquéreurs.

Ils cherchent ensuite à les céder à un partenaire de leur choix. Des discussions interviennent en janvier 1993 avec Elf-Sanofi, une filiale du groupe Elf dirigée par Jean-François Dehecq. Elf-Sanofi ne souhaite pas seulement racheter les 15 % du capital anciennement détenus par Cerus, mais prendre le contrôle total du groupe Yves Saint Laurent en l'absorbant purement et simplement. Pierre Bergé et Yves Saint Laurent acceptent cette proposition sous réserve de conserver la direction de la division Couture jusqu'en 2001. Les actionnaires du groupe Yves Saint Laurent et d'Elf-Sanofi entérinent en mai 1993, à la quasi-unanimité, cette opération. Elf-Sanofi devient ainsi le troisième groupe mondial de parfums et de produits de beauté derrière L'Oréal et Estée Lauder. Dans la transmission à Elf-Sanofi, Yves Saint Laurent et Pierre Bergé trouvent, quant à eux, l'assurance de la pérennité de leur entreprise.

Laurent Bulher

Les salons de l'avenue Marceau
Photographie Claus Ohm

Jean-François Dehecq
Photographie Cynthia Hampton

Cet ouvrage a été achevé d'imprimer en novembre 1993
sur les presses de l'imprimerie Laffont, Avignon

Conception graphique et maquette
Images en Manœuvres, Marseille

Le texte a été composé en Perpétua par la S MAP, Marseille
les illustrations gravées par P.T.O., Marseille
Papier : Satimat 150 g
Façonnage : Alain, Annonay

Dépôt légal : novembre 1993
ISBN : 2-7118-2947-2
GK 39 2947

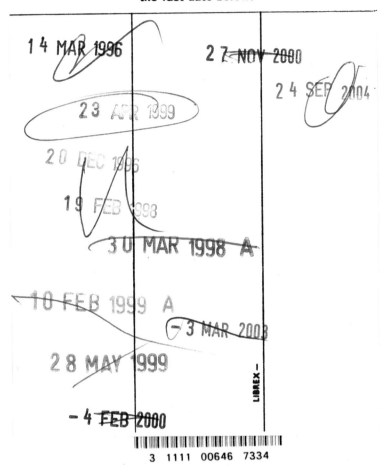